大众体育系列

中华武术套路

鲍强◎编

合肥工业大学出版社
HEFEI UNIVERSITY OF TECHNOLOGY PRESS

图书在版编目（CIP）数据

中华武术套路/鲍强编．—合肥：合肥工业大学出版社，2016．7
（大众体育系列）
ISBN 978-7-5650-2883-0

Ⅰ．①中…　Ⅱ．①鲍…　Ⅲ．①套路（武术）-中国-青少年读物
Ⅳ．①G852．019-49

中国版本图书馆 CIP 数据核字（2016）第 164460 号

中华武术套路

鲍　强　编　　　　责任编辑　程玉平　张惠萍

出　版	合肥工业大学出版社	版　次	2016 年 7 月第 1 版
地　址	合肥市屯溪路 193 号	印　次	2017 年 1 月第 1 次印刷
邮　编	230009	开　本	710 毫米×1000 毫米　1/16
电　话	总　编　室：0551-62903038	印　张	12
	市场营销部：0551-62903198	字　数	222 千字
网　址	www.hfutpress.com.cn	印　刷	三河市燕春印务有限公司
E-mail	hfutpress@163.com	发　行	全国新华书店

ISBN 978-7-5650-2883-0　　　　定价：26.00 元

前　言

武术作为我国民族传统体育运动中的重要内容,有着悠久的历史和广泛的群众基础,具有健身、技击、观赏、娱乐、教育、经济等多种功能价值。2008 年武术作为北京奥运会的特设比赛项目进行了比赛,这使得源于中国、属于世界的武术运动得到了更为广泛的宣传。

《中华武术套路》介绍了武术运动的起源、发展、特点、基本技术、快乐速成等内容,内容体现了如下特色:

1. 图文并茂,让青少年更形象、更轻松理解每一个技术动作,变抽象的文字解释为形象的图片展示,有助于提高学生的学习兴趣。

2. 加入了武德修养内容,通过武德学习,使学生了解传统武德的内涵,加强现代武德的教育,有助于提高学生的思想道德水平。

3. 加强了快乐速成练习,针对目前中小学生喜欢体育而不喜欢在提高运动技能上下功夫的问题,本书对技术学习采用快乐入门的方法,图文并茂,讲述了简单、易行、有趣的速成途径。

4. 精选对学生有影响的武术名家进行介绍。介绍他们取得的荣誉及其感人事迹,为中小学生树立良好的学习榜样,提高他们学习武术的兴趣。

5. 补充了运动生理卫生及健康常识部分。针对武术运动过程中可能出现的运动损伤,介绍了有效的预防措施及其简单的治疗方法,这对学生安全、可持续参与武术运动以及技能的提高,都具有重要意义。

6. 增加了技术动作的英文名称。学生在学习武术动作的同时,能够知道该动作的英文名称,丰富了学生的专业英语词汇,对武术运动的国际化具有重要意义。

青少年是国家的未来、民族的希望，他们身心健康、人格健全是每一个家长和老师的愿望，也是素质教育所追求的重要目标。我们将把此书献给广大青少年，衷心地希望本书能够提高他们参与武术运动的兴趣，使他们体验到武术运动的快乐，为他们的学习、生活增添一道亮丽的风景线。

目　录

第一章

武术套路运动概述

武术套路运动是武术运动的重要组成部分，本章从武术套路的起源出发，介绍了我国古代、现代及国际武术套路运动的发展概况，同时对武术套路运动的特点做了阐述，并分析了武术套路运动的发展态势。

第一节　武术套路的起源及发展史

一、武术套路的起源

中国武术套路的源头，可以追溯到中国原始社会的生产活动中去。在原始社会生产力极为低下的条件下，人类为了生存，就必须依靠群体的力量与自然界进行斗争。在狩猎的生产劳动过程中，人们逐渐地形成了徒手的、持械的格斗技能。这些方法多是本能的、自发的、随意的身体动作。虽然人类在这个时期还没有有意识地把这些击打技能作为一种专门练习，但这些击打技能却是武术套路运动的起源之一。（图1－1、图1－2）

图1－1

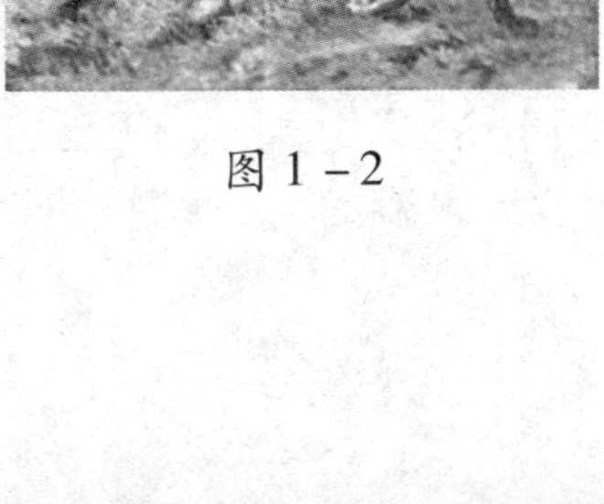

图1－2

旧石器时代晚期，人类打制石器等生产工具有了较大发展。到了新石器时代，人们已经较广泛地运用弓箭来狩猎了。生产工具的发展，使人们在劈、砍、击、刺等方面积累了一定的经验。这时，以创造锋刃工具的能动性、使用工具方法的主动性及运用格斗技术的自觉性为标志，武术进入了萌芽状态，但其技能本质上还是属于生产活动的范畴。

到了氏族公社时代，部落之间经常发生战争，使用武力就成为掠夺财富的最主要手段之一。武器也随着作战的需要而不断改进，在战场上搏斗的经验也不断得到总结。人们把在战斗中比较成功的一击一刺、一拳一腿反复模仿着、练习着、传授着，武术套路运动的一些技术方法开始包含在军事训练之中。在漫长的历史进程中，武术与军事斗争紧密相连、结伴而行。战争促进了格斗技能的形成和发展。

二、历代武术套路发展概况

武术作为独立的社会文化现象，是同中华民族文明的产生同步的。商周时期，出现了“武舞”，武王伐纣前夕，用武舞来训练士兵，鼓舞士气，周代设的“庠”“序”等，也把射御、习舞干戈列为教育内容之一。

图 1－3

图 1－4

春秋战国时期，列国争雄，很重视技击术在战场中的运用。春秋初期，管仲在齐国招募“拳脚威猛，武功出众”的人来训练军队。齐桓公春秋两季还举行全国性比武较力大赛，选拔天下豪杰骏雄，以是否勇敢来论赏。（图 1－3、图 1－4）

秦、汉、三国处于中国封建社会的上升时期，其政治、经济、文化的发展为武术套路运动逐步由单纯军事技能向竞技方向发展创造了优越的条件。角觝、手搏、击剑等竞技项目日渐兴盛，攻防格斗的武术与适应表演的套路并行发展。《汉书·艺文志》“兵技巧十三家”中，收入了《手搏》6 篇、《剑道》38 篇。当时，也有不少武术套路项目被吸收到兴盛的“百戏”中去，使得武术套路运动向着表演化方向发展。

(图1－5、图1－6)

图1－5

图1－6

两晋南北朝时期,武术在与文化的交融中逐渐与养生相结合。然而当时文学盛行,人们沉迷于炼丹以追求长生不老,其消极影响在一定程度上阻碍了武术套路运动的发展。

入唐以来开始实行武举制,对武术套路运动的发展起了极大的促进作用,其中《太白阴经·选士篇》曾介绍:勇猛的武士能拉开五石重的弓箭(一石约100千克)。而剑术的发展则遍及朝野,文人、武将、妇女、道家等擅长剑术的大有人在。诗人李白“少年学剑术”,常在朋友中仗剑而舞。裴旻将军的剑术独冠一时,有与李白诗歌、张旭草书并称“唐代三绝”的美称,可见武术套路作为一种文化形式在当时具有了较大的影响力。(图1－7、图1－8)

图1－7

图1－8

两宋时期,以民间结社组织为主体的民间习武活动蓬勃兴起,如“相扑社”“英略社”“弓箭社”等(图1－9、图1－10)。“社”的形成,为民间武术套路运动的传授、交流、发展创造了有利条件。宋代城市经济发达，在一些专门性的群众游艺场所“瓦舍”“勾栏”中出现了大量以卖武艺为生的民间艺人，极大地促进了武术套路向表演化方向发展。

元代禁止民间习武，武术被保留在舞台上，武术受戏剧影响，套路走向艺术化。

图 1－9

图 1－10

明清时期是武术大发展时期，各种流派林立，拳种纷呈。武术作为军事技术、健身手段及表演技艺的多种价值为人们所认识和运用。戚继光的《纪效新书》总结出拳术是学习器械的基础等循序渐进的教学训练法则（图 1－11）；剑术中有茅元仪《武备志》所记二十四剑势等（图 1－12）；还有程子颐《武备要略》中记载的叉和鞭的套路。到了清代，拳术和器械的种类继续繁衍。从明末清初至清末时期，形成了太极拳、形意拳、八势掌等主要的拳种体系。

图 1－11

图 1－12

近代以后，冷兵器在军事上的地位明显消退，但武术套路运动由于具有强身健体、防身等多重功效，所以能适应时代的变化，逐步成为中国近代体育的有机组成部分。在此基础上，武术套路运动进一步吸收传统文化的养料，丰富了锻炼形式，升华了技法理论，在不失攻防内涵的前提下，沿着体育方向不断发展。

图 1 – 13

20 世纪初，习武开禁，拳技之风蓬勃一时，民间出现了许多拳社组织。1910 年在上海成立的“精武体育会”是维持时间最长、影响最大的团体（图 1 – 13）。1928 年，国民政府在南京成立了中央国术馆。该馆成立后，相继在 24 个省市建立了国术馆，县级国术馆达 300 余所，这样就形成了一个较为完备的国术馆系统。

1927 年，在上海举行的远东运动会上，两个孩子表演武术。

图 1 – 14

1927 年在上海举行的远东运动会上进行了武术表演、1936 年中国武术旅行团访问东南亚、中国武术队赴柏林奥运会参加表演等盛事，对武术运动的发展起到了重要的推动作用。但因为当时中国处于半殖民地、半封建社会，政治、经济、文化、

教育落后，在一定程度上阻碍了武术运动的健康发展。（图 1 – 14、图 1 – 15、图 1 – 16）

图 1 – 15

图 1 – 16

三、新中国武术套路运动的发展

图 1 – 17

图 1 – 18

中华人民共和国成立后，武术成为社会主义文化和人民体育事业的一个组成部分，得到了蓬勃发展（图 1 – 17、图 1 – 18）。1950 年中华全国体育总会召开了武术工作座谈会，倡导发展武术运动。1953 年在天津举行了全国民族形式体育表演及竞赛大会（图 1 – 19），武术套路是这次大会的主要内容。1958 年，中国武术协会在北京成立，国家体委制定了第一版以普及面较广的长拳、太极拳、南拳为竞赛内容的《武术竞赛规则》。

后来的“十年动乱”阻碍了武术运动的发展，许多拳种和流派趋于消退和失传。与此同时，竞技武术由于过分追求空中动作和艺术效果，因此在某种程度上破坏了武术的风格特点与套路结构，没有全面正确地继承和发展传统武术。

图 1－19

到了 20 世纪 80 至 90 年代，武术运动又逐渐复苏发展。在北京召开的首次全国武术工作会议提出了在全国范围内挖掘整理传统武术的要求。各种武术组织也蓬勃兴起，武术套路运动进入大、中、小学课堂，走进军营，农村的武术活动也日益活跃，不少地方甚至“武术搭台、经贸唱戏”。（图 1－20、图 1－21）

图 1－20

图 1－21

新世纪，奥运会把武术列为表演性项目（图 1－22、图 1－23），更促进了武术套路运动在世界各地的传播、发展。与此同时，武术的学术研究也蒸蒸日上。国务院学位委员会批准体育学科设立武术学科专业博士学位点，这标志着武术作为一门学科已迈入学术领域的最高殿堂。可以相信，今后武术运动必将在继承传统的基础上进一步向科学化方向发展。

图 1－22

图 1－23

四、武术在国际上的影响和发展

将武术推向世界，扩大中华武术在海外的影响，这对展示中华民族特有的智慧和力量、发展国际的文化交流，增进世界各国人民之间的友谊，都有着深远的意义。（图1－24、图1－25）

1982年底，全国武术工作会议提出了“武术要开展国际交流，积极稳步地向国外推广”的号召，加速了武术运动的国际化进程。1985年是武术国际化进程的一个重要里程碑。8月，在古城西安第一次举办了武术国际邀请赛，并成立了国际武联筹委会。自此，国际武术运动进入了有组织的阶段。

图1－24

图1－25

国家和地方多次派武术代表团队出国进行表演访问，遍及五大洲，颇有影响。近几年中，还派了不少专家赴国外讲学和担任教练，使武术得以在世界各地更快地传播和开展。1987年在日本横滨举行了第一届亚洲武术锦标赛，标志着武术运动将首先在亚洲扎下根基，尔后逐步跨入世界体坛，实现“把武术推向世界”的宏伟目标。1988年亚奥理事会正式通过将武术列为亚运会正式比赛项目。1990年10月，国际武术联合会在北京宣告成立，并于1991年在北京举办了第一届世界武术锦标赛。

2008年，在中国的积极争取下，武术以“特设项目”的身份出现在了北京奥运会上（图1－26、图1－27）。奥运会“特设项目”在历史上还是第一次出现。“北京奥运会武术比赛”，有10枚金牌分布在套路比赛中。在武术技术向世界推广之际，它所根植的中国传统文化也逐步被越来越多的外国朋友所认识和喜爱。在世界武术学术交流会中，有很多中外学者分别从古典哲学、美学、伦理、养生等方面对武术的丰富内涵和多方面价值进行了科学探讨。“源于中国，属于世界”的武术已经成为各国人民沟通的桥梁和友谊的纽带。

图 1－26

图 1－27

第二节　武术套路运动的特点

一、独具特色的技击性

图 1－28

图 1－29

武术组成套路的踢、打、摔、拿、砸、砍、击、刺等动作，都有着不同的运用特点和攻防规律，而且武术套路一般表现为攻中有防、防中有攻、攻防兼备。于是武术套路运动的技击性体现为多部位、多角度、多方向、多变化的特点。而且在套路形式的演练中，闪、转、腾、窜的变化，构成了刚柔兼济、疾缓有致的特色，使武术在技击格斗的意义上具有突出的实用性。这些构成了武术技击性的特色，是其他体育运动项目所没有或不能完全具备的。

二、内外相合、形神兼备的统一性

图 1－30

图 1－31

武术运动无论哪种拳术，都强调内在的意念和外在的呼吸及动作相统一，使手眼相随，步法与身法相应，身体上下协调，而且节奏鲜明，动则如龙腾虎跃，静则如山岳耸峙，整个动作起伏跌宕。这些是武术套路运动而特有的，体现了群众所喜爱的民族风格。

三、刚柔相济的艺术性

图 1－32

图 1－33

武术套路运动经过几千年的实践，得到了丰富和发展。由于它的动作和套路编排既具有搏击的刚勇，又具有鲜明的节奏感和韵律感，加之单人练、双人练、多人练和集体演练等多种形式，使武术表演一向为群众所喜闻乐见。这其中除了它的阳刚之气给人以奋发向上的激励外，还给人以美的艺术享受。同时各拳种又有着不同的风格特色，有的以苍劲挺拔著称，有的以潇洒英武取胜，有的以敏捷活泼见长，有的身手柔韧舒展令人赏心悦目；有的状如禽飞九天，有点如兽跃山林，有的醉态可掬，动作形象生动，令人眼花缭乱，可以从形态和精神两方面给人以美感，从而体现出武术运动独具特色的艺术性。

四、广泛的适应性

图 1－34

图 1－35

武术运动内容丰富。不同的拳种和器械，其动作结构、技术要求、运动风格和套路的运动量，都有不同的特点，这可以使不同年龄、体质、性别、职业和爱好的人，根据自己的实际加以选择，采取适合于自己的项目进行锻炼。同时，武术运动不受时间、季节的限制，场地器材也可以因陋就简，这给开展群众性体育活动提供了极大的方便条件。因此，在广泛的适应性上，武术运动要比其他体育项目具有更多的优越性。

五、刚健有为的民族性

图 1－36

图 1－37

中华民族刚健有为的民族精神，是中华民族的心理要素，包括自强不息和厚德载物两个方面。这种精神在武术中得到了充分的体现。武术套路是一种人体运动，而且是一种技击术，必然崇尚勇武，追求制胜。无论是对习者还是观赏者都倾注了一种勇武顽强、勇往直前的强者争胜的精神。习武者无论是外在的技术，还是内在的心态，都体现了一种刚健有为的精神。精于武术的明代学者颜元深明武术精神的重要性，所以他大声疾呼："一身动则一身强，一家动则一家强，一国动则一国强，天下动则天下强。"

六、内外兼修的和谐性

图 1－38

图 1－39

中国传统文化强调和谐，这一原则对中国传统文化产生了深远的影响，决定了中西文化的基本差异。重和谐的思想就是希望达到人与己、物与我的和谐，注重人与自然、人与社会及人的自我身心内外的和谐统一。由于注重人与社会的和谐，所以习武者尚武而不随意用武，在解决人与人之间矛盾时讲究先礼后兵，遵循《论语》中"礼之用，和为贵"的思想。

第三节　武术套路运动发展态势

一、养生保健与竞技技击并行发展的趋势

图 1－40

图 1－41

作为一种流传下来的民族体育项目，武术套路运动的不少内容不仅具有一般体育项目的强身健体，还有祛病延寿的功效。在武术的发展史上，套路运动的发展始终与我国的传统医学、古代的导引术、仿生学的发展相互交织渗透。近代武术的科学化趋势也加强了其健身养生的价值功能。

武术内容的一个显著性特点就是攻防技击，以套路和散手两种主要形式存在和发展。没有竞技套路与散手，武术体系就不完备。从每届的世界武术锦标赛上不难看出，越来越多的外国人开始喜欢并练习竞技套路或散手，也逐渐领悟武术套路练习带来的养生保健功效。随着国际交流的日益频繁，武术的养生保健与竞技技击并行发展的理念也越来越为中外武林人士认同。

二、竞技套路观赏性水平不断提高的趋势

图 1－42

图 1－43

全国武术训练工作会议提出了“突出竞技特点、提高艺术水平、鼓励发展创新”的新的指导思想，继续坚持“高、难、美、新”的技术发展方向，力争使武术竞赛规则更加科学，更符合奥林匹克运动的要求。武术已不满足于已有的成就，而是要积极地面向未来。可以这么说，当代武术套路的发展史是不断进取和创新的历史，是改革的历史，是在继承前人遗产的基础上有所提高的历史。只有提高运动技术水平，提高套路运动的观赏水平，武术套路才能确立自己在国内体坛的竞技地位，得到更多人的认可。

三、武术套路运动科学化研究水平不断提高的趋势

加强武术套路的现代科学研究，是武术发展战略的一项重要组成部分。首届全国武术学会研讨会聚集了一支令人瞩目的武术科研队伍，展示了一批多学科对武术进行研究的科研成果。从后来陆续汇编、选编出版的历届学术研讨会的论文

集中，可以看到这些书籍记载了当代武术为实现学术研究科学化、现代化所作出的努力。国家体育总局武术运动管理中心专门设立了武术科研基地。武术科研基地以武术运动科学化训练为主要方向组织科学研究，为武术管理部门提供战略性和策略性理论依据，这极大地提高了武术套路运动的科研化水平。

图 1－44

图 1－45

四、武术套路运动国际化程度不断扩大的趋势

图 1－46

图 1－47

自全国武术工作会议制定了积极稳步地把武术推向世界的方针后，为了实现这一战略目标，我国在连续派出武术团队出访表演、扩大影响和宣传武术的基础上，以比较成熟的套路运动的竞技形式首先开展国际武术竞赛活动，并日渐活跃。在中国武术的影响下，亚洲的许多国家和地区的武术套路运动竞技水平逐年提高，成为世界上武术运动发展较快的地区。国际武术联合会会员由 1990 年成立之初的 38 个发展到如今的 86 个，武术套路运动在世界的传播和影响已不容忽视。

五、武术套路运动产业化日趋完善的趋势

图 1－48

图 1－49

图 1－50

武术作为体育运动的一部分出现，同其他体育项目一样，具有自己的市场潜力与经济价值。目前武术套路运动有关的武馆、武校、武术产品、旅游、广告、音像等方面，在逐渐进行产业化的尝试。要把人们的注意力从其他项目吸引到武术上来，就必须充分发挥其优势，把其健身、防身、修身、娱心等多元价值功能体系与经济挂钩，与武术产业相融合，充分展示它的新时代魅力，拓展武术培训、旅游及其他消费市场，吸引人们向武术行业投资，在获得经济效益的同时，推动武术运动进一步发展，从而产生巨大的社会效益。

第二章

武术套路的内容与分类

武术套路种类繁多，根据不同的标准可以分成很多类，本章将根据地理位置、山岳门派、江河流域、民族属性、姓氏人名等标准进行分类并简单地介绍。并对种类繁多的套路运动进行了形象的描述，丰富中小学生的武术套路知识。

第一节 武术套路的内容

或许你为说书人讲的刀、枪、剑、斧、钩、叉、鞭、锤、抓、带尖的、带刺的……眼花缭乱；或许你为武打片中长拳短打、南拳北腿、奇兵异器心驰神往；或许你为武侠小说中的降龙十八掌、华山剑、武当拳而如醉如痴，其实，这些只不过是武术内容中的沧海一粟，武术的内容如茫茫大海之水，难以斗量。据统计，仅自成体系的大拳种就多达129种，每种又各自包括拳理、拳法、器械、功法等众多内容，难以尽数。面对浩瀚的武术内容，根据不同的标准，我们可以进行大致分类。

一、根据地理位置分类

图2-1

图2-2

根据地理位置可分为南拳、北腿。以长江为界,以南各地流传的拳种流派可统称为南拳。由于南方多水田,陆地相对狭窄,其地理环境特点及南方人的身材、气质等先天素质的影响,其武术形成了多短拳、少跳跃、步稳拳刚、以声催力的特点,所以统称"南拳"。与南拳相比,北方多平原陆地,地域宽阔,人的身体较为粗壮,故形成重腿法、多长击、多跳跃、大开大合的运动特点,所以统称"北腿"。(图 2-1、图 2-2)

二、根据山岳门派分类

根据山岳门派可分为少林派、武当派、峨眉派等。

少林派是指在河南嵩山一带流传的拳种,以少林寺内拳种最著名。少林武术风格独特,动作刚健有力,朴实无华,技击性强,以攻架见长,多用长手,被称为外家拳术,驰名中外,深受国内外武术爱好者的喜爱。其主要有大小洪拳、罗汉拳、七星拳、少林棍、达摩剑、少林易筋经等内容。

武当派是指湖北境内的武当山一带流传的武术,这里是道教圣地,张三丰就是在此修炼。武当武术讲究天人合一,注重"道寓术中""内功外拳""内外结合""内外兼修"。它的动作特点是不尚拙力,顺其自然,注重行圆取象,炼气凝神,尚柔文静,不躁不僵;以呼吸见长,以静制动,多用短手,被称为内家拳术。其主要有武当太极拳、武当太乙拳、武当剑、气功等内容。

峨眉派是以四川峨眉山拳种为代表的流派,特点介于少林与武当之间,力求内外并重,刚柔兼备,长短并用。它讲究动功与静功并重。动功有"天、地、之、心、龙、鹤、风、云、大、小、幽、冥"十二庄;静功有"虎步功、重捶功、缩地功、悬囊功、指穴功、涅磐功"六大专修功,其中,尤以"指穴功"中的"三十六式天罡指穴法"最有威力,既可以按摩治病,又可以防身制敌。其主要有峨眉枪、峨眉拳、峨眉剑等内容。(图 2-3 至图 2-5)

图 2-3

图 2-4

图 2-5

三、根据江河流域分类

根据江河流域分为长江派、黄河派、珠江派，主要指三大流域地区流传的武术。

珠江流域派主要有铁拳、祖拳、虎膝拳、拦门豹板凳、双刀对棍等内容。

黄河流域派主要的内容包括潭腿、青龙拳、少林拳、五虎枪、对手棍等。

长江流域派主要有四门重手、大罡手、十字手、红操、风池刀、少林松棍等。（图2－6、图2－7）

图2－6

图2－7

四、根据民族属性分类

根据民族属性可分为汉、回族及其他少数民族特色拳种。

少数民族武术文化在中华武术发展的历史长河中起到了举足轻重的作用，是中华民族文化遗产的重要组成部分，继承和发展少数民族武术，是对少数民族文化的尊重，同时也维护了少数民族文化的系统性和完整性，提高少数民族的身心健康，促进少数民族武术的普及和发展。

图2－8

图2－9

图2－10

回族武术代表的拳术有查拳等。

满族武术有战刀、如意拳等。

其他还有蒙古族武术、苗族武术、傣族武术、哈尼族武术等。（图 2－8 至图 2－10）

五、根据姓氏人名分类

根据姓氏分，有岳家拳、霍家拳、李家教、赵家拳、戚家拳、蔡李佛拳，以及陈、杨、吴、孙、武式太极拳等。

根据人名分，有燕青拳、太祖拳、五祖拳、白眉拳、达摩拳、玄女剑、五郎拳、咏春拳、武松拳等。（图 2－11 至图 2－13）

图 2－11

图 2－12

图 2－13

六、按习惯说法分类

按习惯说法，可分为内家拳、外家拳。内家、外家如何区分，历来众说纷纭。但是较为有根据的，是清代黄宗羲《王征南墓志铭》所说的看法："少林以拳勇名天下，然主于搏人，人亦得以乘之。有所谓内家者，以静制动，犯者应手即仆。故别少林为外家。（内家拳）盖起于宋之张三峰。"即以张三峰为代表的，柔显于外，强调后发制人、以静制动、主于御人等武术技术风格的拳种为内家拳术，代表拳种有太极拳、形意拳、八卦掌等。而以少林武术为代表的，刚显于外，强调先发制人、以动制静、主于搏人等武术技术风格的拳种为外家拳术。外家拳术种类很多，有少林拳、大小红拳、炮拳、长拳等五十多种。（图 2－14、图 2－15）

图 2－14

图 2－15

七、根据动作特点分类

根据动作特点，可分为长拳、短拳。相对短拳而言，长拳特点是在出手或出腿时以"放长击远"为主，其动作撑长舒展、筋顺骨直，有时在出拳时还配合拧腰顺肩来加长击打点，以发挥"一长寸一寸强"的优势。套路动作数量和趟数一般较多，有潭、查、花、洪、炮五大门户，此外还有六合、通臂、劈挂、二郎、太祖等派系。长拳中也间或使用短拳，但整套动作是以长击动作为主。短拳是相对于长拳而言的。所谓"短"，一则出手较短，二则套路短小精悍。其特点为简明快速，拳法密集，猛起硬落，一气呵成。击技上讲究紧攻硬逼，近身则靠打，挨身则肘发，以发挥"一长短一寸险"的优势。主要有六路短打、任家短打、绵掌拳、八卦拳等。（图 2－16、图 2－17）

图 2－16

图 2－17

八、根据运动形式分类

根据运动形式分类，武术套路运动分单练（包括拳术、器械）、对练（有徒手、器械、徒手与器械）、集体演练（也有徒手、器械、徒手与器械）等。（图 2－18 至图 2－20）

图 2－18

图 2－19

图 2－20

第二节 形形色色的竞技武术

一、千姿百态、丰富多彩的套路

（一）势如长江的长拳（Chang Handform）

长拳泛指由架势舒展、快速有力、节奏鲜明、多有蹿蹦跳跃、闪展腾挪、起伏转折和跌扑滚翻等动作组成的拳术，其势如长江之水，滔滔不绝、波澜壮阔。最早太极拳也称“长拳”，但与此不同。

传统上将查、华、洪、炮、弹等拳种统称为长拳。新中国成立后，在以上诸拳种基础上形成了用于武术比赛的长拳，主要有“竞赛套路”（即国家规定套路）、“自选长拳”（即根据规则有关规定而自己创编的套路）。由于长拳的特点，适合广大青少年练习，是促进生长、强壮身体、发展素质、陶冶情操的优秀拳种。（图 2－21、图 2－22）

图 2-21

图 2-22

(二) 绵里藏针的太极拳(Taiji Handform)

太极拳是一种比较柔和缓慢、重意轻力、练内功的拳术,是吸收各家章法,结合了古代导引、吐纳之术,运用了经络学说和阴阳学说而形成的,过去人们称为"绵拳""软拳""文拳""哲拳"。太极拳看似软绵绵,像是在"摸鱼",其实刚柔相济,虚实变化,四两拨千斤。经过长期发展演变出了多式太极拳,主要有陈式太极拳、杨式太极拳、吴式太极拳、武式太极拳、孙式太极拳。(图 2-23)

图 2-23

(三) 拳势刚烈的南拳(Southern Handform)

南拳泛指流传于我国南方各省、拳势多为刚烈的拳术。南方各地的拳术也不尽相同,广东南拳要有洪、刘、蔡、李、莫五大流派;福建有五祖、五枚等;湖北有孔门、岳门、鱼门、孙门等五大派;广西有周家、屠龙、洪门、小策打等;湖南有巫家、洪

家、岳家、薛家四大流派。其他南方各地也都有各具特色的拳术。（图 2 －24、图 2 －25）

图 2 －24

图 2 －25

（四）女性首创的咏春拳（Yongchun Handform）

咏春拳虽说属于南拳的一种，却独树一帜。相传为奇女子严咏春（一说为福建永春县严三娘，另一说为五枚师太）所创。据传嘉庆十五年，福建泉州一位武林高手严四，因犯官府法令，携其爱女严咏春逃离泉州到一小县城隐居。咏春姑娘从小练就一身功夫，一日她在河边洗衣，见岸上有只白鹤与一条大蛇相斗，心中顿悟，几经磨炼，终创咏春拳。功夫巨星李小龙早年就是练习咏春拳，成名后对咏春拳的发展起到很大推动作用，现在世界各地均有练习者。（图 2 －26、图 2 －27）

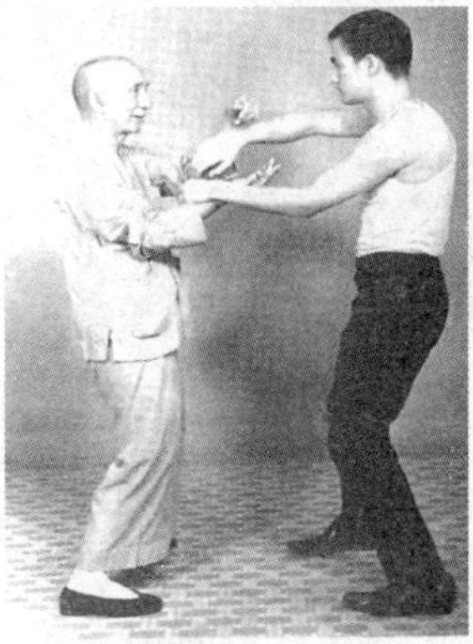

图 2 －26

图 2 －27

（五）半步崩打天下的形意拳(Xingyi Handform)

相传郭云深曾用半步崩拳打遍天下,其所练的就是形意拳中五行拳的一种。郭云深的传奇虽说有些演义成分,但是也反映了形意拳的功力。形意拳也叫“心意拳”“六合拳”“心意六合拳”,发源于山西,广泛流传于山西、河南、河北一带。形意拳基本拳法由形拳、意拳组成,形指的是十二形[龙、虎、猴、马、鼍、鸡、燕、鹞、蛇、tāi(造字:左边是鸟,右边是台)、鹰、熊],意指的是劈、崩、钻、炮、横(五行拳),但是各地流传的也有所不同。(图 2－28、图 2－29)

图 2－28

图 2－29

（六）身似游龙的八卦掌(Bagua Handform)

八卦掌是以沿圆走转变化掌法为主的拳术,又称“阴阳连环游身八卦掌”。因它运动时纵横交错,分四正、四隅 8 个方位,身似游龙,与《周易》八卦图中的封象相似而得名。“走”是八卦掌的显著特点之一,在沿圆形线的走动中,分走阴阳鱼、走八卦图、走九宫图几种。身型要求顶头竖项,松肩垂肘;脚步要求平起平落,虚实分明,形如游龙。相传董海川、尹福能走转得双脚离地,出神入化。(图 2－30、图 2－31)

图 2－30

图 2－31

（七）动转似猿的通臂拳(Tongbei Handform)

通臂拳又称白猿通臂，音同的同称拳术还有“通背”“通备”等。清朝祁信在河北首传此拳。通臂拳以其特殊的伸臂出掌动作而著称，其形取白猿穿梭树林中的姿态，有轻舒猿臂之义。（图 2－32、图 2－33）

图 2－32

图 2－33

（八）双拳密如雨的翻子拳(Fanzi Handform)

翻子拳是一种拳法密集脆快有力的短打拳术。原名八闪翻，因其有 8 个主要招式，练时闪摆取势，翻翻不息，因而得名。翻子拳有“双拳密如雨，快似一挂鞭”的特点，一出手就三拳，上中下三盘九拳，连环不息，出手奔鼻梁、缩手打胸膛，拳拳击打要害，出招就 8 个动势轮番攻击，有“翻子不回家”的说法。（图 2－34、图 2－35）

图 2－34

图 2－35

（九）连环鸳鸯腿的戳脚拳(Chuojiao Handform)

《水浒传》中花和尚鲁智深将邓龙“一脚点翻”和武松用“玉环步，鸳鸯脚”，痛打蒋门神的精彩场面，或许你在电影中已经看过，他们所用的正是戳脚中的招法。戳脚拳以腿法见长，因其代表性动作“鸳鸯腿”在用法上讲究“上撩下戳”而得名。其又称“鸳鸯脚”“九性子”“九番鸳鸯脚”，合称“九番连环鸳鸯腿”。（图 2－36、图 2－37）

图 2-36

图 2-37

（十）酒不醉人人自醉的醉拳（Drunken Handform）

成龙的《醉拳》令人捧腹，武松用醉拳打死老虎，看他们时而持杯欲饮，时而抱缸狂饮，时而前俯后仰，时而卧地不动、踉踉跄跄、东倒西歪，醉中竟显英雄本色，怎不令人神迷呢？其实这正是模仿人的醉酒形象并结合攻防技法编成的拳术，叫"醉拳"，也叫"醉酒拳""醉八仙拳"。其特点为形醉意不醉，步醉心不醉。醉中有拳，拳法似醉，核心在于一个"醉"，以醉取势、以醉惑人、以醉进招。（图 2-38、图 2-39）

图 2-38

图 2-39

（十一）名满天下的少林拳（Shaolin Handform）

一部《少林寺》电影，掀起世界武术热潮。正像片中唱的"少林，少林，天下多少英雄豪杰把你敬仰"，海内外许多人慕名来学少林拳，甚至还有不少青少年放弃学业，离家出走，到少林寺学习少林拳。其实，少林拳并不只是一套拳，而是泛指以少林寺为中心的整个地区的拳术。代表性的拳术主要有大小洪拳、罗汉拳、七星拳、朝阳拳、梅花拳、炮拳、心意拳、五形拳等。（图 2-40、图 2-41）

图 2－40

图 2－41

（十二）惟妙惟肖、形象逼真的形象拳（Imitation Handform）

当动作世界呈现给你一幅幅美妙的画面时，你为猴的灵巧、鹰的矫健、虎的威风、蛇的柔活……而自愧不如时，请你加入形象拳的练习队伍中，去领略体会一下那奇妙的仿生意境吧。形象拳是模仿动物的动作形态，结合武术技法而形成的拳术。前边我们介绍的醉拳就是一种。主要的象形拳还有猴拳、鹰拳、虎拳、螳螂拳、蛇拳等。（图 2－42、图 2－43）

图 2－42

图 2－43

二、林林总总的器械武术

（一）势如猛虎的刀术（Broad Sword）

刀是短器械的一种。由刀刃、刀背、刀尖、护手盘、刀柄及刀彩组成。刀术是指运使刀的方法，由于刀的形制决定了刀的技法以缠头、裹脑、劈、砍、扎、挂、架、格等为主。演练时，一手持刀，另一手以掌配合，其特点是雄健有力，气势逼人，有“刀如猛虎”之说。（图 2－44、图 2－45）

图 2－44

图 2－45

（二）形如飞凤的剑术（Straight Sword Play）

剑由剑身（尖、刃、中脊、凹槽）、护手、柄、柄头组成。剑术主要技法有刺、挂、撩、绞、点、崩、腕花组成，讲究避实击虚。练时飘洒轻捷，矫健优美，吞吐自如，有“剑似飞凤”的美称。剑术除了在比赛中常看到自选类剑术外，还有八封剑、青萍剑、昆仑剑、龙行剑、三才创、武当剑等，难以尽数。（图 2－46）

图 2－46

（三）横扫一大片的棍术（Staff Play）

棍是大家最常见的，武松打虎就是用的棍。正式比赛用的棍要求一头粗为棍把，一头细为棍梢，高度不低于本人身高；棍的中间粗细也有规定。比赛用的棍的多为白蜡杆。棍的主要方法有劈、扫、点、压、拔、绞、扎、弹击、舞花、戳等，运动时要求勇猛、快速、密集、多变，有“棍若雨至”“棍扫一大片”之说。目前流传的棍术很多，各种棍术都有不同风格待点，除了比赛中常见的外，还有天启棍、扭丝棍、群羊

棍等。(图 2－47、图 2－48)

图 2－47

图 2－48

(四)竖扎一线的枪术(Spear Play)

枪有“百兵之王”之称,常见的枪由枪头、枪缨和枪杆组成,一般长为直臂上举从脚底到指端的长度。枪术以拦、拿、扎为基本枪法,有“千拿不如扎”之说,其他枪法还有圈、拨、云、崩、舞花等,但是最为主要的是扎,所以称为“枪扎一条线”。扎枪时要求枪把紧贴腰部,像“缠腰锁”,不轻易露把;扎出的枪要做到五尖相对,即枪尖、前手尖、肩尖、鼻尖、前足尖相对。(图 2－49、图 2－50)

图 2－49

图 2－50

(五)五花八门的传统器械(Tradition Weapon)

1. 太极剑(Taiji Straight Sword)

太极剑是太极拳系里的短兵器,风格特点同拳术。练习时要求轻灵沉着,舒展大方,柔和匀称,身剑合一。除陈式太极剑外,其他式的套路多没有明显的发力动

作。初学的青少年还是以简化太极拳为好，不宜过难，而且应该具备一定的太极拳基本功。（图2－51、图2－52）

图2－51

图2－52

2. 猴棍（Monkey Staff）

猴棍是象形猴拳系中的长器械，它是以猴拳徒手动作为基础，结合棍法形成的。练习时，时而拄棍倒立空中，时而蹬棍远眺，时而单手舞花，时而抛棍而起，像是一只真的猴子在玩棍，大有齐天大圣孙悟空的神通，玩中却内含劈、点、拦、扫、舞花等棍法，寓棍法于猴形之中，十分活泼有趣。（图2－53、图2－54）

图2－53

图2－54

3. 醉剑（Drunken Straight Sword）

醉剑的特点是身醉心不醉，步醉剑不醉。在醉拳基础上结合剑法形成的醉剑，既有醉拳风范，又含剑法精华。练习时，一手持剑，剑势形似醉酒，洒脱自如，忽往复收，步碎身晃，剑光四射，动似游龙，舞似飞凤，剑法飘忽不定，神出鬼没，处处皆是剑。（图2－55、图2－56）

图2－55

图2－56

4. 大刀（Kwandao）

三国时关云长的青龙偃月刀，在我国家喻户晓。青龙偃月刀就是大刀中的一种。大刀属于长兵器，刀刃前锐后斜阔。古代的大刀常有三四十斤重，今天看到的多是比赛用的薄刀。主要的刀法有劈、拌、斩、挂、格、带等。练起来，大刀飞舞、虎虎生风，气势雄伟，威风凛凛。（图2－57、图2－58）

图2－57

图2－58

5. 九节鞭（Nine－joint Whip）

九节鞭属于软器械的一种，由尖形镖头、若干铁节（一般为七节、九节）、握把及鞭彩组成。其主要有肘花、腕花、缠臂、绕脖、片腿、背鞭等动作组成套路练习，演练

时，抡舞如轮，横飞竖打，有“鞭舞一堵墙”的比喻。（图 2－59、图 2－60）

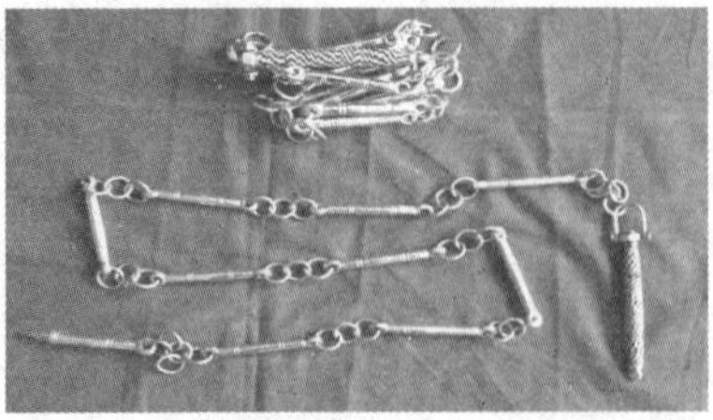

图 2－59

图 2－60

6. 双节棍（Two－section Staff）

双节棍是一种精简实用的奇门兵器，它短小精悍，实而不华。熟练后有如两臂暴长，如虎添翼。双节棍在不用时，将两节叠在一起插在腰间，在衣服的掩盖下从外表是看不到的，可以说是防身武器，其作用与匕首相仿，但是威力比匕首却大得多。（图 2－61）

图 2－61

7. 三节棍（Three－section Staff）

由三根木棍通过铁环联结而成，属于软器械。其主要有三点棍及舞花组成练习套路，演练时可以手持三节中任一节，可长可短，勇猛泼辣，势如破竹。（图 2－62、图 2－63）

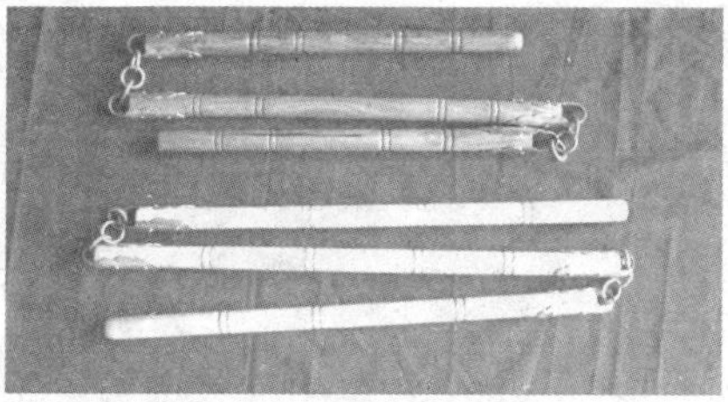

图 2 -62

图 2 -63

8. 绳镖(Rope - dart)

绳镖是由古代抛击兵器演进而成,在一段绳索上系上金属锈头组成器械,以绳索缠绕身体各部而变化出各种击法和技巧构成套路,主要动作有拐肘、缠脖、十字披红、胸前挂印等,演练时,手握绳索,抛镖而出,出击自如,变幻莫测,快似流星,十分好看。(图 2 -64、图 2 -65)

图 2 -64

图 2 -65

以上我们只能给大家介绍一些可以看到的常见兵器,以赛场出现的为主,其实武术器械远远超出这些,所谓的"十八般兵器"也只不过是泛泛而论罢了。其实几乎所有的武术流派各自都有自己习用的器械,有的鲜为人知,特别是一些奇兵异器更具特色。

三、假戏真做的对练

所谓对练,是两人或两人以上按照事先编排好的程序进行的攻防格斗套路。比如功夫片中精彩的对打场面,看起来叫人拍手叫绝,其实都是率先编排好的"对打"。

(一)徒手对练 (Empty - handed to Fight Each Other)

所谓对练是两人或两人以上按照事先编排好的套路程序进行的攻防格斗。徒手对练是运用徒手技法组成的对练形式,常见的有对擒拿、南拳对练、八极对接等。(图 2 -66、图 2 -67)

图 2 -66

图 2 -67

(二)器械对练(To Fight Each Other Used Weapon)

器械对练是以器械的抗击方法组成的对练套路。常见的主要有单刀进枪、对刺剑、三节棍进棍等。(图 2 -68、图 2 -69)

图 2 -68

图 2 -69

(三)整齐划一的集体演练(Collectiveness Practice)

随着武术运动发展,不仅在赛场上可以看到集体武术表演,在各类各级大会活动中,也经常出现成千上万人的大型武术集体演练。集体练习,重在整齐划一,井然有序,通常伴有音乐。(图 2 -70)

图 2 －70

第三章

武德修养

本章对武德的概念、传统武德的内涵、当代武德的内涵以及武德与精神文明建设的关系、现代武术礼节进行了阐述。中小学生在学习武术过程中要重视武德教育，自觉进行武德修养，提高自身的道德品质。

第一节　武术的德育内涵

一、武德的概念及包含的内容

所谓武德，就是从事武术活动的人在社会活动中所应遵循的道德规范及所应具备的道德品质。它包含了武术练习者在整个武术社会活动以及参与其他社会活动的应遵循的秩序、规范，始终贯穿于习武者整个练武、授武、比武等一系列武术社会活动之中。习武首重德。武林人士深知，武艺是受人们的思想主司的，它是否施展在正确的地方，完全决定于思想。所谓“心正则拳正，心歪则拳偏”就是这个道理。

武德包含的主要内容有：

（1）武德高——爱国爱民，品德高尚。为武之道，以德为本。习武首先要重视武德的学习，要有好的思想品质，这是提高武技的前提。

（2）武旨正——强身健体，卫国防身。学习武术的宗旨要正确。练武是为了强健身体，掌握武技为人民服务，保卫国家和人民安全，绝非恃艺为非作歹，损害群众利益。

（3）武纪严——不斗凶狠，遵纪守法。有了一定的武术技能，不能逞凶斗狠，无事生非，应该遵守各项法规制度，做遵纪守法的模范，并能够主动同坏人坏事做斗争。

（4）武风良——尊师爱生，互研武学。在武林同仁中，要形成一种老师爱护学生、学生尊敬老师、互相尊重、共同研习武学的良好风气，为武术的发展贡献出自己的力量。

(5)武礼谦——抱拳行礼，谦和礼貌。无论习武者之间，还是与其他人之间，都应该以礼相待，平易近人，谦虚诚恳，不能出口不逊，得意忘形，败坏武德。

(6)武志坚——意志坚强，百折不挠。武术是一项内容繁多、技术性较高的运动项目，学习起来有一定难度，这就要求习武者有坚强的意志，不怕困难，立志为武术事业献身。

(7)武学勤——勤学苦练、锲而不舍。要学习好武术，就应该拳不离手，坚持不懈地勤学苦练。历史上有所成就的武林中人，都是勤学的结果，只有这样才能学习好武术。

(8)武技精——钻研武技，精益求精。武术博大精深，内涵丰富，非一朝一夕所能穷尽，必须刻苦钻研，不断进取，精益求精，才能使武艺精湛。

(9)武仪端——举止庄重，容端体正。习武者应该仪表端正，举止庄重，表现出气宇轩昂的精神风貌，不能衣冠不整，体态不端。

(10)武境美——环境优美，井然有序。练习武术，要主动保持练习场地、生活环境的卫生，特别是训练场地要整洁，衣物、器件等要摆放整齐。

二、传统武德的内涵

武德理论包含的内容是多方面的，其萌芽、形成和发展有一个历史过程。历史上最早的武德记载见于《左传·宣公十二年》："武有七德"，即"禁暴、戢兵、保大、功定、安民、和众、丰财"。这本是对诸侯用兵道德的要求，由于军事与武术是同根共源、交叉发展的，后来武术也就将"武德"纳为己有了。

武德作为中国传统伦理的一个组成部分，它的内容虽然随着各个不同时期的发展而不断得到补充和丰富，但其本质仍表现为：仁、义、礼、智、信、勇。

(1)仁：仁的基本含义就是用广博的爱心去爱一切人。仁的核心是孝，因而武林中人要求师慈徒孝、兄贤弟恭、朋亲友爱。从广义上讲，武德中"仁"的要求就是要忠于国家、民族、事业，要与人为善，以爱人之心宽恕他人，追求安宁祥和。这是习武者最高层次的品德追求和德行的最高境界。

(2)义：义是依"仁"而行的方法、途径和标准。"义"在武德中还可理解为秩序、等级。"义者，宜也。"就是习武者的言行举止要与自己的身份相称。君臣父子、师徒兄弟的纲常不能乱。

(3)礼：礼来自人的恭敬辞让之心，是仁义道德的节度及由此产生的待人接物的礼节仪容。武术界对"礼"有着严格的标准和规定，并由此而衍生出一系列具体的、形式化的礼仪，作为武者行为的文饰。"礼"还包括制裁制度，对违背"礼"的人要给予处罚。“礼”不但告诉习武者“应该做什么”，而且还告诉其“应该怎么做”。

（4）智：当习武者有了武德情操和礼仪规范后，还须有自觉的道德意识，这就是“智”。它根源于人们的是非判断之心，其功用在于体人生，知人伦，明是非，辨善恶。只有如此，才能“穷不失义，达不离道”，做一个“富贵不能淫，贫贱不能移，威武不能屈”的侠义之人。

（5）信：“信，诚也。”就是说做人要诚实，守信用。诚实守信是武林的传统美德，讲究“一言既出，驷马难追”。实践诺言，不失信于人，不畏艰难险阻，甚至甘愿牺牲生命，只身赴死的事迹，武林中历代多有见闻。可见，重诺守信是武德的重要内容之一。

（6）勇：“勇”者，勇气、勇力，指内在的情操和品德修养。“大勇为拳”，品德高尚的人，真理在握，所向披靡武。因此，武德中的“勇”，既是道德标准，又是行为实践要求，体现了练武之人勇猛顽强的精神状态。

三、现代武德的内涵

（一）弘扬武术，为国争光

树立志向，古人称为“立志”。“志不立，天下无可成之事”。为此，志向是每个习武者坚强的精神支柱，是实现人生目标和成就事业的原动力。要实现自己的志向，必须经过努力奋斗才能达到。新时期习武者的伟大志向，就是要振兴中华武术，弘扬民族文化，为全民健身服务，为推动社会主义精神文明建设贡献力量，为武术走向世界、造福于世界人民和为祖国争光而不懈奋斗。

（二）爱国爱民，有义有责

社会主义荣辱观——“八荣八耻”中指出：“以热爱祖国为荣，以危害祖国为耻”，所以建立国家和民族利益高于一切的信念，热爱祖国，热爱人民，是当今习武者高尚的道德情操，决不能做出有辱国格人格的事。若国家和人民的利益受到侵害时，应奋不顾身，挺身而出；当人民的利益受到坏人损害时，应见义勇为，以正当的防卫保护人民群众；当祖国受到侵犯时，更应万众一心，为保卫祖国英勇奋战。

（三）尊师爱生，团结互助

尊师重道是传统美德。习武者应尊敬师长和前辈，不仅在行为举止上要谦和礼让，更应该认真聆听教诲，认真实践，好学上进，珍惜师长、前辈的辛勤付出。师长、前辈应在学业上、生活上关心、爱护学生，要尽心尽责，毫不保留地传授技艺。在敬业精神上，师长更应该忠诚武术事业，以身立教，为人师表。学者应该热爱事业，勤学苦练，学而不厌。在人格上，师生之间是平等的，要发扬民主，不搞“家长制”“一言堂”。学友之间应该团结友爱，谦虚谨慎，互相尊重。

（四）修身养性，遵纪守法

习武者要不断加强自我修养，培养高尚的道德情操和良好的生活作风，坚决抵制社会不良行为的侵蚀和污染。当前尤其要清醒地认识和抵制社会上某些领域中道德失范、拜金主义的影响和侵蚀。在处理事情和人际关系时，决不能见利忘义，唯利是图，甚至损人利己。遵守法纪是习武者最基本的道德规范，要从思想上提高奉公守法的自觉性，并且能够依法办事。在任何情况下都要自觉维护法律的尊严和自身的合法权益。同时还应该遵守依法制定的各项规章制度，并勇于同违法乱纪的行为做斗争，以确保各种社会活动正常开展，维护社会安定。

（五）文明礼貌、礼始礼终

我国素称礼仪之邦，有悠久的礼仪传统，武术界就有“未曾学艺先识礼”“学拳先习礼”的传统说法。习武者平时的举止要端庄大方，有礼貌，言谈时话语要有涵养。与人交往要做到言必信、行必果，待人处处热情诚恳、和蔼可亲。服饰要整洁得体。在表演、竞技、训练，以及各种武术交往活动中，都要严格按照武德的行为规范进行操作，表现出个人立身风度，以及容端体正的尚武本色，充分反映出习武者的良好素质。

（六）胸怀宽广，做社会人

武术是随着历史的发展而发展变化的，不仅要求习武者从理论和行为规范上要与历史的发展同步，而且在武学指导思想上也要具有宽广的视野和胸怀。破除门户之见，放眼世界，是我们每一个武术爱好者应具备的品质。古往今来，多少侠义之士，为破除武术的陋习而努力，作为现代人，我们更应把自己放在一个新的高度来追求武术的发展。做一个胸怀宽广的社会人，做一个睦邻友好的社会人。

（七）与时俱进，继往开来

传统武德源远流长，许多内容对我们今天仍然十分有益。但随着社会发展，其中一些内容已不适应现今社会的需要，甚至阻碍了武术的发展，如门派的旧制、宗教迷信等。所以，在弘扬我国古代优秀武德的同时，我们还应该采取批判继承的态度，取其对社会文明进步的有用部分，抛弃过时的糟粕内容，构建与时代和谐发展的现代武德，使武德内容成为社会主义精神文明建设的重要组成部分。这是武术发展的需要，也符合国家教育体制与经济发展的要求。

第二节 武术的礼节

随着武术运动的发展，中国武术管理中心在继承传统的基础上制定了一整套武术礼节，目前已经在国内外教学训练、表演，以及竞赛中广泛应用。

具体做法介绍如下：

一、徒手礼

（一）抱拳礼

抱拳礼是由中国传统作揖礼和少林拳的抱拳礼（四指礼）加以提炼、规范、统一得来的，并赋予了新的含义。

行礼的方法是：并步站立，左手四指并拢伸直成掌，拇指曲拢；右手成拳，左掌心掩贴右拳面，左指尖与下颌平齐；右拳眼斜对胸窝，置于胸前曲臂成圆，肘尖略下垂，拳掌与胸相距 20 ~ 30 厘米。头正，身直，目视受礼者，面容举止自然大方。（图 3－1、图 3－2）

图 3－1

图 3－2

（二）鞠躬礼

行礼的方法：并步站立，两手垂置于体侧，手心向内贴于大腿外侧，上体向前倾斜 15°，目视前下方。（图 3－3、图 3－4）

图 3－3

图 3－4

二、持械礼

（一）抱刀礼

并步站立，左手抱刀，曲臂抬起使刀横于胸前，刀刃向上；右手拇指曲拢成斜侧立掌，以掌心附于左手拇指第一指节上，高与胸齐；两手与胸间距离为20～30厘米，目视受礼者。（图3－5、图3－6）

图3－5

图3－6

（二）持剑礼

并步站立，左手持剑，曲臂抬起使剑身贴前臂外侧，斜横于胸前；右手成掌，以掌外沿附于左手食指根节，高与胸齐；两手与胸间距离为20～30厘米，目视受礼者。（图3－7、图3－8）

图3－7

图3－8

（三）持枪（棍）礼

并步站立、左手持枪（棍）把端（靠把端1/3处），曲臂置于胸前，枪（棍）身直

立；右手成掌，附于左手拇指第二指节上；两手与胸间距为 20～30 厘米，目视受礼者。（图 3－9、图 3－10）

图 3－9

图 3－10

运动员若持双器械，应将器械交一手执握，再行抱刀礼或持创礼、持枪（棍）礼。若不适合行礼时，则应两手持械面向裁判长立正行注目礼。执其他器械行礼时，可参照以上各种礼仪执行。

三、武礼的应用

（一）在教学训练中的运用

武术课堂是一个严肃的教育场所，师生要用武术礼仪的标准来约束自己，做到言行有礼。

技术教学、训练礼节：上课铃响时，班长或值日生整队集合（每个同学之间相距 10 厘米），清点人数完毕，向老师（教练）报告时，师生均行抱拳礼：老师向学生问候“同学们好”的同时，行抱拳礼；学生在回答“老师好”的同时，行抱拳礼。然后落手立正。礼毕，上课开始。下课时，老师向学生说“同学们再见”，学生在答“老师再见”的同时，行抱拳礼，然后学生再落手立正。礼毕，师生下课。

（二）在理论课堂中的运用

当老师走向讲台时，班长发口令：“起立，敬礼！”学生起立行鞠躬礼。老师看学生已行礼端正，亦行鞠躬礼答谢。班长发口令：“坐下！”学生就座，开始授课。下课时，老师说：“下课！”班长发口令：“起立，敬礼！”学生起立行鞠躬礼。老师看学生都已行礼端正，亦行鞠躬礼回谢，礼毕，下课。

（三）在竞赛及表演中的运用

在武术竞赛中，运动员听到上场比赛的点名和赛后示分时，向裁判长行抱拳礼或持械礼。在武术表演的开始和结束时，面向观众行抱拳礼或持械礼，以示礼貌。

四、武术器械递接方法

递接器械是习武者外在形象的一个重要方面。向对方递交器械时，刀尖、剑尖向下，切忌将刀尖或剑尖指向对方；枪、棍垂直离地约 20 厘米递给对方，切忌枪尖朝向对方，以免失礼。

五、日常生活中的运用

在现代生活中，虽然各地的习俗不尽相同，但作为礼仪之邦的一员，习武者在生活中应按现代武德、武礼的要求去做，待人接物时有礼在先，把武德的修养体现在日常生活中去，做文明礼貌的楷模。

第四章 武术套路运动基本功和基本动作练习

本章重点介绍了肩功、腰功、腿功、桩功等武术套路的基本功练习，以及手形手法、步形步伐、跳跃、平衡等基本动作的练习，同时，对武术套路练习过程中应注意的问题也作了阐述，为中小学生武术套路的学习打下坚实的基础。

第一节 武术套路基本功

武术基本功，是指从事武术运动所必备的体能、技能和心理品质。它有一系列综合性训练人体内外各部位功能的方法和手段，是初学者具备习武能力的专门练习，也是保持和提高习武能力的主要手段。

武术基本功按人体的身体部位分为肩臂功、腰功、腿功和桩功。

一、肩臂功

肩臂功，主要是加强肩关节韧带的柔韧性，使肩关节活动范围增大，提高臂部肌肉力量，增进上肢运动的灵敏、转环等能力。为学习和掌握各种拳、掌等手法提供必要的专项素质，主要练习方法有压肩、吊肩、绕肩等。

（一）压肩（Press Shoulder）

正对肋木或一定高度物体，两腿伸直左右开立与肩同宽或稍宽，两手抓据肋木，两臂伸直，上体前俯，抬头挺胸，下振压肩（图 4－1、图 4－2）。或两人对面站立互扶按肩部做抬头挺胸，下振压肩。

要点：臂、腿伸直，下振时抬头，压点集中在肩部，幅度逐渐加大。

图 4 -1

图 4 -2

(二)吊肩(Lifting Shoulder)

并步背向肋木或横扛,两手反臂抓握肋木,然后下蹲。两臂拉直,或悬空吊起(图 4 -3)。

要点:两臂伸直,肩部放松。

图 4 -3

(三)绕肩(Circle Arm)

1.单臂绕肩

左弓步,左手按于左膝上,右臂伸直向前或向后绕环。再换右弓步,右手按于右膝上,左臂伸直向前或向后绕环。左右交替进行。(图 4 -4 至图 4 -6)

要点:臂伸直,肩放松,划立圆逐渐加速。

图 4－4

图 4－5

图 4－6

2. 双臂前后绕环

两脚开立与肩同宽，两臂上举，两掌心相对，左右臂反向绕立圆。（图 4－7 至图 4－9）

图 4－7

图 4－8

图 4－9

要点：两臂伸直，肩关节放松，腰带臂绕立圆。

二、腰功

腰是人体上下肢连接的枢纽。俗话说“练拳不练腰，终究艺不高”，练腰的方法有：俯腰、甩腰、涮腰和下腰。

（一）前俯腰（Bend Forward）

并步站立，两手指交叉直臂上举，手心朝上，上体前俯，两手尽量贴地；然后两手松开抱住两脚踝关节处，逐步使胸贴近膝关节，持续一定时间再起。还可以向两侧分别转体，两手在两侧贴触地面。（图 4－10 至图 4－13）

图 4－10

图 4－11

图 4－12

图 4－13

要点：膝关节挺直，挺胸，蹋腰，收髋，向前、左、右侧折体。

（二）甩腰（Bend Forward and Backward）

开步站立，两臂上举，然后以腰、髋关节为轴，上体做前后曲和甩动作，两臂也跟着甩动，两腿伸直。（图 4－14、图 4－15）

图 4－14

图 4－15

要点：前后甩腰动作快速紧凑而有弹性。

（三）涮腰（Circle Trunk）

两脚左右开立，略宽于肩，两臂自然下垂，以髋关节为轴，上体前俯，两臂随之向左前下方伸出，然后向前、向右、向后、向左绕环。（图4－16、图4－17）

图4－16

图4－17

要点：绕环幅度越大越好，快速紧凑。

（四）下腰（Bend Backward into a Bridge）

两脚开立，与肩同宽，两臂伸直上举。腰向后弯，抬头，挺腰，两臂上抬，手反撑壁（能撑地更好）成桥形。（图4－18、图4－19）

图4－18

图4－19

要点：挺膝，挺髋，腰向上顶，桥弓要脚跟不离地。

三、腿功

腿功主要发展下肢的柔韧性、灵活性和力量素质。练习方法有压腿、搬腿、劈腿和踢腿等。

（一）压腿（Press Legs）

目的是拉长下肢肌肉和韧带，加大髋关节活动范围，有正、侧、后和仆步压腿。

1. 正压腿

正对肋木、横杠、桌、台阶等有一定高度的物体，一腿支撑站立，另一腿放在支撑物上，两膝伸直。上体前俯向下振压，胸靠膝关节。两腿交替进行。（图4－20、图4－21）

图4－20

图4－21

要点：两脚下压时伸直，放在肋木上的脚尖勾紧，挺胸，塌腰。

2. 侧压腿

侧对肋木、横杠等有一定高度的物体，右腿支撑，左脚跟放在肋木上，脚尖勾，左掌屈肘置于胸前，右掌屈，架于头上，上体向左侧压振。左右交替进行。（图4－22、图4－23）

图4－22

图4－23

要点：同正压腿，逐步过渡到上体侧卧在被压腿上。

3. 后压腿

背对肋木、横杠、桌子等有一定高度的物体，两手叉腰，右腿支撑，左脚提起，脚面绷直搭在肋木上，上体后仰做压振。左右腿交替进行。（图4－24）

图 4 – 24

要点:两腿伸直,挺胸,展髋,上体后仰。

4. 仆步压腿

一腿屈膝全蹲,一腿挺膝伸直,脚尖里扣,两手分别抓握两脚外侧成仆步,向下压振。(图 4 – 25、图 4 – 26)

图 4 – 25

图 4 – 26

要点:挺胸,塌腰,沉髋。

(二)搬腿(Move up Leg with Hands)

目的是增进腿部柔韧性,加大髋关节的活动范围,提高腿部上举力量,有正、侧、后搬腿。

1. 正搬腿

可由同伴或借助器械将其左腿上搬(图 4 – 27);或左腿屈膝,右手握左脚,左手抱腰,左腿向前上方举起,挺膝,脚外侧朝前。左右交替进行。(图 4 – 28 至图 4 – 29)

图 4－27

图 4－28

图 4－29

要点：挺胸，塌腰，收髋，挺膝，脚尖勾紧。

2. 侧搬腿

右腿屈膝提起，右手经右小腿内侧向下托住脚跟，然后将右腿向右上方搬起，左臂亮掌；也可由同伴托住脚跟向侧搬腿。左右交替进行。（图 4－30）

图 4－30

图 4－31

要点：支撑腿与上体要正直，被搬的腿要收髋挺膝、脚尖勾紧。

3. 后搬腿

手扶一定高度的物体或肋木，左腿支撑，托起右腿从身后向上搬举。左右交替进行。（图 4－31）

要点：两腿挺膝，支撑腿全脚落地，脚趾抓地，挺胸，松髋，腰后仰。

（三）劈腿（Split Legs）

目的是加大髋关节活动范围，增强腿部的柔韧性，有竖叉、横叉两种。

1. 竖叉

两臂侧平举或两手左右扶地，两腿前后分开成直线，左腿后侧着地，脚尖朝上；

右腿内侧或前侧着地。左右交替进行。(图 4－32、图 4－33)

图 4－32

图 4－33

要点:挺胸,立腰,沉髋,挺膝,两腿成一条直线。

2. 横叉

两腿膝盖伸直,左右分开成直线,两脚内侧着地;上身正立,不能侧身;目视前方。在下到双手能够碰到地面的时候,两手在身体前面撑住地面,慢慢地下到极限,两大腿完全接触到地面为止。(图 4－34、图 4－35)

图 4－34

图 4－35

要点:同竖叉。

(四)踢腿(Kick Legs)

踢腿是腿功的重要内容,腿部的综合素质都比较集中地从踢腿上表现出来。踢腿有两种方法:一是直摆性腿法;二是屈伸性腿法。

1. 直摆性踢法

(1)正踢腿

目视前方,两脚并立,两手成掌或握拳侧平举成预备姿势。左脚向前半步,左腿支撑,右脚勾起脚尖向前额处猛踢。左右腿交替进行。(图 4－36、图 4－37)

图 4 – 36

图 4 – 37

要点:挺胸立腰,踢腿时脚尖勾起勾落,收髋时猛收腹;脚过腰后加速,要有寸劲。

(2)侧踢腿

左脚在前,右脚在后,身体略右转,左臂前伸,右臂后举,随即向左转体,同时右脚脚尖勾紧向右侧上踢,左臂屈肘上举亮掌架于头顶,右臂屈肘立掌附于左肩前或垂于裆前,目视前方。(图 4 – 38、图 4 – 39)

图 4 – 38

图 4 – 39

要点:挺胸,立腰,开髋,侧身,猛收腹。

(3)里合腿

预备姿势与正踢腿相同。左脚向前上半步支撑,右脚尖勾起,向右侧上方直腿踢起,经脸前向左侧上方直腿摆动,落于右脚外侧,目平视。左右腿交替进行。(图 4 – 40、图 4 – 41)

图 4 －40

图 4 －41

要点：挺胸，立腰，松髋，合髋，里合幅度要大并成扇形，

（4）拍脚

并步站立，两臂侧平举，左脚向前迈步伸直支撑，右脚面绷平，直腿向上踢摆；同时右掌在额前击拍右脚面。然后右腿保持适度紧张下落，前脚掌着地。左右腿交替进行。（图 4 －42 至图 4 －44）

图 4 －42

图 4 －43

图 4 －44

要点：挺胸，立腰，收腹，击拍要响亮。

2. 屈伸性腿法

（1）弹腿

并步站立，两拳位于腰际，左脚向前迈步支撑，右腿屈膝提起迅速挺膝，右脚面绷直以脚尖为力点向前弹出，大腿与小腿成一直线。左右腿交替进行。（图 4 －45、图 4 －46）

图 4 -45

图 4 -46

要点：挺胸，立腰，脚面绷直，弹击要有寸劲（即爆发力）。

（2）蹬腿

与弹腿相同，唯一区别在于脚尖，脚尖须勾起，力达脚跟。（图 4 -47、图 4 -48）

图 4 -47

图 4 -48

要点：同弹腿，强调脚尖勾起。

（3）侧踹

并步站立，叉腰或两拳抱于腰间成预备姿势。两腿左右交叉，右腿在前，稍屈膝随即以右腿蹬伸支撑；左腿屈膝提起，左脚尖内扣脚跟用力向左侧上方踹出；上体向右侧倒。右左腿交替进行。（图 4 -49、图 4 -50）

要点：挺膝，开髋，猛踹，力达脚跟。

图 4－49

图 4－50

四、桩功

目的是增强腿部“静力性力量”，缩短学练太极拳的适应期。

（一）太极桩（Tai Chi Pile）

两脚平行开立，同肩宽，两腿屈蹲，身体重心落于两腿正中；躯干保持自然直立，两肘关节抱球状于胸前；双手掌心向内，指尖相对，手指自然弯曲并展开；颈部自然竖直；头正，下颌微收，目视前方。（图 4－51）

图 4－51

图 4－52

要点：两膝关节微外撑，保持躯干的自然直立和身体重心的中正。

（二）弓步站桩（Bow Step Pile）

前腿屈膝半蹲，膝关节不可过于脚尖；后腿髋关节自然内合，膝关节自然伸直，脚尖内扣，两脚全脚掌着地；上体自然，两臂可自然松肩下垂，也可摆成“野马分鬃”或其他上肢动作；颈部自然，头正，下颌微收，目视前方。（图 4－52、图 4－53）

图 4 -53

图 4 -54

要点:后脚掌外侧要内扣,髋关节向下松沉。

(三)虚步站桩(Empty Step Pile)

后腿屈膝半蹲,全脚掌着地,脚尖斜朝前;前腿膝关节微屈,以脚尖或脚跟在身前点地;上体自然直;两臂可摆成“白鹤亮翅”等姿势;颈部自然,头正,下颌微收,目视前方。(图 4 -54)

要点:后腿支撑体重,前脚“虚点”地面,两腿用劲要“虚实分明”。

第二节　武术套路基本动作

基本动作,是指武术各项目中,简单的、不可缺少的各种类型的典型动作。它是发展难度动作的基础,并对学习同类动作起着引导作用。

徒手练习的动作内容包括手型手法、步型步法、跳跃、平衡等。

一、手型手法

手型手法练习是运用拳掌勾三种手型,结合上肢冲、架、推、亮等运动手法。

(一)手型(Hand Forms)

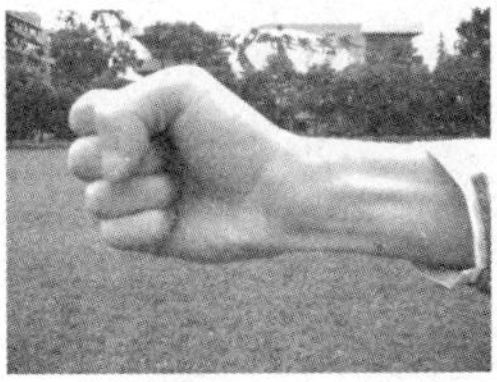

图 4 -55

图 4 -56

图 4 -57

1. 拳(Fist)

四指并拢掌握,拇指紧扣食指和中指第二指节。(图 4－55)

要点:拳面平。

2. 掌(Palm)

四指并拢伸直,拇指弯曲紧扣于虎口处。(图 4－56)

要点:手指并拢,掌心展开,竖指。

3. 勾(Hook Hand)

五指第一指节捏拢在一起,屈腕。(图 4－57)

要点:五指齐平、腕屈紧。

(二)手法(Stroks)

1. 冲拳(Thrust Fist)

冲拳分平拳和立拳两种,平拳拳心向下,立拳拳眼向上。

两脚左右开立与肩同宽,两拳抱于腰际,肘尖向后,拳心向上成预备姿势。挺胸收腹立腰。右拳从腰际向前猛冲,转腰,顺肩,肘关节过腰后右前臂内旋。力达拳面,臂伸直,高与肩平,同时,左肘向后牵拉。左右交替进行。(图 4－58、图 4－59)

图 4－58

图 4－59

要点:拧腰,顺肩,力达拳面。

2. 架拳(Uphold Fist)

与冲拳预备式相同。右拳经右侧向上划弧架于头上,拳心向上,目视前方。(图 4－60、图 4－61)

图 4 - 60

图 4 - 61

要点：松肩，肘微屈，前臂内旋。

3. 推掌（Push Palm）

与冲拳准备式相同。右拳变掌，掌根为力点，小指一侧朝前猛力推出。（图 4 - 62 至图 4 - 64）

图 4 - 62

图 4 - 63

图 4 - 64

要点：推掌时转腰，顺肩，臂伸直，快速有力。

4. 亮掌（Flash Palm）

预备势同冲拳。右拳变掌从左向上划弧至头的左上方时亮掌，臂微屈，掌心斜向上，目视前方。（图 4 - 65、图 4 - 66）

图 4－65

图 4－66

要点：亮掌、转头同时完成。

二、步型步伐

步型和步法练习能规范腿部动作，增强下肢肌肉的力量和速度，提高腿部的灵活性和稳定性。

（一）步型（Step Forms）

1. 弓步（Bow Step）

并步站立，两拳位于腰际成预备姿势。前腿弓，脚尖微内扣；后腿绷，脚尖内扣；两脚全脚掌着地，左脚前为左弓步，反之为右弓步。（图 4－67、图 4－68）

图 4－67

图 4－68

要点：出步向前为本人脚长的 4～5 倍。

2. 马步（Horse－ride Step）

两脚左右开立，脚尖正对前方，屈膝半蹲，膝关节不宜超过脚尖，大腿接近水平，全脚着地，重心落于两腿之间，两拳抱于腰际。（图 4－69、图 4－70）

图 4－69

图 4－70

要点：挺胸，塌腰，脚跟外蹬。

3. 仆步（Crouch Step）

左仆步：两拳位于腰际，左脚向左侧迈步，屈膝全蹲，臀部下落接近右小腿，右脚膝关节外展；左腿伸直平扑，脚尖里扣，全脚掌着地。（图 4－71）

右仆步：同“左仆步”动作相同、方向相反。（图 4－72）

图 4－71

图 4－72

要点：挺胸，塌腰，沉髋。

4. 虚步（Empty Step）

左虚步：两拳抱于腰际，右脚尖外展 45°，左腿屈膝支撑；右脚向前伸出，膝关节微屈，以脚前掌着地并内扣。（图 4－73）

右虚步：同“左虚步”动作相同、方向相反。（图 4－74）

要点：挺胸，塌腰，重心落在支撑腿上，虚实分明。

5. 歇步（Seated Step）

左歇步：两拳抱于腰际，右脚向左脚后插步，前脚掌着地，两腿交叉，屈膝全蹲、臀部坐于右小腿上。（图 4－75）

右歇步:同“左歇步”动作相同、方向相反。(图4-76)

图4-73

图4-74

图4-75

图4-76

要点:挺胸,塌腰,两腿靠拢并贴紧。

(二)步法(Footwork)

1.上步(On the Step-by-step)

前后开步站立,两拳位于腰际,后脚越过前脚向前迈步。(图4-77、图4-78)

图4-77

图4-78

要点:上步时直线,起落快而轻。

2. 退步(Back)

预备势与上步相同,前脚越过后脚向后退步。(图 4－79、图 4－80)

图 4－79

图 4－80

要点:直线退步,起落快而轻。

3. 盖步(Cover Step)

开步站立,两拳位于腰际成预备式。右脚提起,经左脚前向左侧横迈一步,成两腿交叉。(图 4－81、图 4－82)

图 4－81

图 4－82

要点:迈步轻,步幅不宜过大。

4. 插步(Play Step)

预备式同盖步。右脚提起,向左腿左后方插步,两脚交叉,重心偏于左腿。(图 4－83、图 4－84)

图 4－83

图 4－84

要点：拧腰，插步要轻快。

5. 弧形步（Curved Step）

两拳位于腰际，并步站立，两腿屈膝，右脚以右侧为圆心向侧前方弧线迈步。（图 4－85、图 4－86）

图 4－85

图 4－86

要点：如履薄冰，重心半稳。

三、跳跃

目的是增强腿部力量，提高弹跳能力。

（一）腾空飞脚（Flying Kicks）

两拳位于腰际，并步站立。右脚上步，左腿向前、向上摆起；右脚蹬地跃起，身体腾空。两臂由下向前、向头上摆起，左手掌拍击右手背。在空中，右腿向前、向上弹踢，脚面绷直，右手迎击右脚面；同时，左腿屈膝，左脚收控于右腿侧，脚面绷直，脚尖向下。左手在击响的同时摆至左侧方变勾手，勾尖向下。上体微前倾，目视前

方。(图4－87至图4－89)

图4－87

图4－88

图4－89

要点:起跳腿要充分蹬伸,上体后倾要伴随向前送髋,同时提气、立腰、头上顶。两臂和摆动腿快速上摆。在腾空最高点完成击响动作,动作连续、响亮。空中动作要收髋、收腹和坐臀。

(二)大跃步前穿(Giant Leap)

并步站立,两臂垂于体侧成预备式。左脚上一步,重心前移。左掌后摆,目视左掌,右掌向左腿外侧后挂;左脚蹬地,右腿前摆,身体向前跃起同时两臂上摆,身体在空中右转、展腹、挺胸,右脚全掌落地全蹲;左脚随即落地向前伸直成仆步,右掌变拳抱于腰际。左掌下落置于右胸前,目视左脚。(图4－90至图4－92)

图4－90

图4－91

图4－92

要点:跃步要远,落地要轻,两臂上摆幅度要大。

四、平衡

目的是加强腰与髋关节肌肉的柔韧性,提高肌肉控制力量。

（一）提膝平衡（Balance with One Knee Raised）

并步站立，两掌垂于体侧成预备姿势。一腿伸直，另一膝提起，膝关节超过腰部。脚面绷直，脚尖内扣，两手叉腰。（图 4－93、图 4－94）

图 4－93

图 4－94

要点：平衡站稳，提膝于胸，脚内扣。

（二）燕式平衡（Front Horizontal Scale）

右腿先在身前屈膝提起，两掌在身前屈肘交叉，掌心向内。然后，两掌向两侧直臂分开平举，上体前俯，右脚向后蹬伸，成燕式平衡。（图 4－95、图 4－96）

图 4－95

图 4－96

要点：两腿伸直，后腿高举，展腹，挺胸抬头，腰背成反弓形。

第三节　武术套路练习注意事项

一、初学时注意由浅入深，循序渐进

初学基本功和基本动作，要注意由易到难，循序渐进。如做“踢腿”这个动作，

一般可先由低到高,速度由慢到快,用力也可由小到大,逐步提高要求。如果一开始就过于用力或踢腿过高、过快,那就容易使腿部肌肉、韧带拉伤。在单个动作比较熟练的基础上,就可以过渡到组合练习了。在组合练习中要特别注意手、眼、身法和步法的紧密配合,还要注意动作与动作之间的衔接,为以后练习套路打下良好的基础。

二、要坚持经常练习,持之以恒

人体内有这样一条规律:各组织器官在剧烈活动中要消耗能量物质,在一定的范围内,运动时能量物质消耗得越多,运动后的补偿作用就越明显。由于不间断地经常锻炼,这种"消耗"和"补偿"也一直在进行,久而久之,体内能量物质贮备就会增多,各组织器官营养得到改善,人体的各种机能也相应地提高了。如果训练中断,那么身体各器官的机能和运动技能都会出现消退的现象。

三、要树立不怕苦、不怕难的思想

初学基本功和基本动作,在剧烈运动后,特别是进行压腿或做步型、步法练习之后,往往会感到肌肉酸痛。一般说来,这是正常的生理现象,对健康并无损害。在练习时,首先要树立不怕苦、不怕难的思想,克服肌肉酸痛的过程,也就是练思想、练作风、练意志的过程。我们要发扬"世上无难事,只要肯登攀"的精神,克服锻炼中的困难。同时,还要掌握正确的方法。如在压腿前,先跑跑步,做好充分的准备活动。此外,在肌肉酸痛部位还可进行热敷或按摩,以加快血液循环,减轻和消除酸痛的感觉。坚持一段时间训练之后,人体各器官机能就会产生适应性,肌肉、韧带就不会再出现酸痛的现象了。

四、要掌握正确的运动方法

初学基本功和基本动作时,首先要注意养成正确的姿势。如练"正踢腿",开始踢不到前额处时,那么就应该放低高度,踢过腰即可;但练习时"直腿,直腰,挺胸"等基本要求必须做到。如果因怕肌肉酸痛,一开始就弯腰、弓腰踢腿,不仅姿势难看,同时会影响锻炼效果,还会养成不良的动作习惯,妨碍技术水平的提高。其次,在练习时要注意用力协调、顺畅。

第五章

徒手武术套路快乐速成练习

本章重点以初级长拳、简化太极拳为例，配合生动、直观的图片介绍其快乐速成练习方法，提高中小学生对徒手武术套路运动练习的兴趣。

第一节　初级长拳

长拳在运动时，有动势、静势、起势、落势、立势、站势、转势、折势、轻势、重势、缓势、快势 12 种动静之势，即传统的“十二型”：动如涛、静如岳、起如猿、落如鹊、立如鸡、站如松、转如轮、折如弓、轻如叶、重如铁、缓如鹰、快如风。以下系统讲述适合中小学生练习的初级长拳快乐速成方法。

一、预备式 (Ready Position)

两腿并步站立，两臂垂于身体两侧，五指并拢贴靠腿外侧，两眼平视前方。

要点：头正，下颌微收，挺胸，塌腰，收腹。

(一) 虚步亮掌 (Empty Stance and Block Palm) (图 5 - 1 至图 5 - 4)

图 5 - 1

图 5 - 2

图 5 – 3

图 5 – 4

要点：动作要连贯。成虚步时，重心落于右腿上，右大腿尽量与地面平行。左膝微屈，脚尖点地。

（二）并步对拳（Feet Together）（图 5 – 5 至图 5 – 8）

图 5 – 5

图 5 – 6

图 5 – 7

图 5 – 8

要点:右腿蹬直,左腿提膝,左脚向前落步。左臂屈肘,左勾手变掌经左肋前伸;右臂外旋落于左掌右侧。右脚上一步,左脚向右脚并步,两臂向外向上经胸前屈肘下按,两掌变拳。目视左侧。

二、第一段

(一)弓步冲拳(Bow Stance and Thrust Punch)(图5-9、图5-10)

图5-9

图5-10

图5-11

要点:左脚向左上一步,右腿微屈,成半马步。左臂向上向左格打,右腿蹬直成左弓步,左拳收至腰侧。右拳向前冲出。

(二)弹腿冲拳(Snap Kick and Thrust Punch)(图5-11)

要点:重心前移至左腿,右腿屈膝提起,脚面绷直,猛力向前弹高与腰平。右拳收至腰侧;左拳向前冲出。目视前方。

(三)马步冲拳(Horse Stance and Thrust Punch)(图5-12)

图5-12

图5-13

图5-14

要点:右脚向前落步,脚尖里扣,上体左转;左拳收至腰侧,两腿下蹲成马步。右拳向前冲出,目视右拳。

（四）弓步冲拳（Bow Stance and Thrust Punch）（图 5－13、图 5－14）

要点：上体右转 90°，右脚尖外撇向斜前方，成半马步。右臂屈肘向右打；左腿蹬直成右弓步。右拳收至腰侧；左拳向前冲出。目视左拳。

（五）弹腿冲拳（Snap Kick and Thrust Punch）（图 5－15）

要点：重心前移至右脚，左腿屈膝提起，猛力向前弹出伸直。左拳收至腰侧，右拳向前冲出。目视前方。

（六）大跃步前穿（Giant Leap）（图 5－16 至图 2－19）

图 5－15

图 5－16

图 5－17

图 5－18

图 5－19

要点：左膝屈，右拳变掌内旋，以手背向下挂至左膝外侧。左脚向前落步，右掌继续向后挂，左拳变掌，向后下伸直。右腿屈膝向前提起，左腿立即蹬地向前跃；两掌向前向上划弧摆起。右腿落地全蹲，左腿随即落地向前铲出成仆步。右掌变拳抱于腰侧；左掌由上向右、向下划弧成立掌，停于右胸前。目视左脚。

（七）弓步击掌（Bow Stance and Push Palm）（图 5－20）

要点：右腿猛力蹬直成左弓步。左掌经左脚面向后划弧至身后成勾手，左臂伸直；右拳由腰侧变掌向前推出，掌指向上，掌外侧向前。目视右掌。

（八）马步架掌（Horse Stance and Block Palm）（图5－21、图5－22）

要点：左脚脚尖向里扣成马步，上体右转。右臂向左侧平摆；同时左勾手变掌由后经左腰侧从右臂内向前上穿出。右掌立于左胸前，左臂向左上屈肘抖腕亮掌于头部左上方，掌心向前。目右转视。

图5－20

图5－21

图5－22

三、第二段

（一）虚步栽拳（Empty Stance and Plant Punch）（图5－23、图5－24）

要点：右脚蹬地，屈膝提起；左腿伸直，以前脚掌为轴向右后转体180°。右掌划弧成勾手，左臂随体转动并外旋；右脚向右落地，下蹲成左虚步。左掌变拳下落于左膝上；右勾手变拳，屈肘向上架于头右上方。目视左方。

图5－23

图5－24

（二）提膝穿掌（Knee Lifted and Piercing Palm）（图5－25、图5－26）

要点：右腿稍伸直，右拳变掌收至腰侧；左拳变掌划弧盖压于头上方。右腿蹬直。右掌从腰侧经左臂内向右前上方穿出;左掌收至右胸前成立掌。目视右掌。

图 5-25

图 5-26

图 5-27

(三)仆步穿掌(Crouch Stance and Piercing Palm)(图 5-27)

要点:右腿全蹲;左腿向左后方铲出成左仆步;左掌穿出。目随左掌转视。

(四)虚步挑掌(Empty Stance and Tilt Palm)(图 5-28、图 5-29)

要点:右腿蹬直,成左弓步。左掌随重心前移向前挑起,成右虚步。身体上步左转 180°。在右脚上步的同时,左掌划弧成立掌,右掌成立掌。目视右掌。

图 5-28

图 5-29

(五)马步击掌(Horse Stance and Push Palm)(图 5-30、图 5-31)

要点:左掌变拳收至腰侧;右掌俯掌向外掳手。左脚向前上一步,以右脚为轴向右后转 180°;两腿下蹲成马步。左掌击出;右掌变拳收至腰侧。目视左掌。

图 5－30

图 5－31

（六）叉步双摆掌（Back Crossed Step and Swing Palms）（图 5－32、图 5－33）

要点：两掌向下向右摆。右脚向左腿后插步。两臂继续由右向上向左摆，停于左侧；右掌停于左肘窝处。眼睛跟随双掌摆动转视。

图 5－32

图 5－33

（七）弓步击掌（Bow Stance and Push Palm）（图 5－34、图 5－35）

图 5－34

图 5－35

要点:左掌收至腰侧,右拳划弧。左腿后撤一步,成右弓步。右掌向下向后伸直摆动,成勾手。左掌成立掌向前推出。目视左掌。

(八)转身踢腿马步盘肘(Turn Body, Front Kick,Horse Step and Bend Elbow)(图 5-36 至图 5-40)

要点:两脚以前脚掌为轴向左后转体 180°;左臂向上向前划半立圆,右臂向下向后划半立圆。右臂由后向上向前划半立圆,左臂由前向下向后划半立圆。右臂向下成反臂勾手;左臂向上成亮掌。右腿向额前踢。右脚向前落地,左臂屈肘下落至胸前。上体左转 90°;两腿下蹲成马步。同时左掌向前向左平掳变拳收至腰侧;右勾手变拳,右臂由体后向右向前平摆,至体前时屈肘。目视肘尖。

图 5-36

图 5-37

图 5-38

图 5-39

图 5-40

四、第三段

(一)歇步抡砸拳(Swing and Chop Fist in Seated Step)(图5-41至图5-43)

要点:右臂由胸前向上向右抡直;左拳向下向左,使臂抡直。以前脚掌为轴,向右后转180°。右臂向下向后抡摆,左臂向上向前随身体转动;两腿全蹲成歇步。左臂随身体下蹲向下平砸;右臂伸直向上举起。目视左拳。

图5-41

图5-42

图5-43

(二)仆步亮掌(Crouch Stance and Block Palm)(图5-44至图5-46)

要点:成右弓步。上体微向右转。左拳收至腰侧,右拳变掌向下经胸前向右横击掌。右脚蹬地屈膝提起,上体右转。左拳变掌从右掌上向前穿出;右掌平收至左肘下。右脚向右落步,屈膝蹲;左腿伸直,成仆步。左掌向后成勾手;右掌向右向上划弧微屈,抖腕成亮掌。头随右手转动,目视左方。

图5-44

图5-45

图5-46

(三)弓步劈拳(Horse Stance and Thrust Punch)(图5-47至图5-49)

要点:右腿蹬地立起,左腿收回并向左前方上步。右掌变拳收至腰侧,左勾手变掌向左做掳手。右腿左绕上一步;左腿成右弓步,左手向左平掳后再向前挥摆。

右掌向后平摆,再向前向上做抡劈拳;左掌外旋接扶右前臂。目视右拳。

图 5 - 47

图 5 - 48

图 5 - 49

(四)换跳步弓步冲拳(Change Steps, Bow Stance and Thrust Punch)(图 5 - 50 至图 5 - 53)

要点:右脚稍向后移动。右拳变掌,臂内旋以掌背向下划弧,挂至右膝内侧;左掌背靠右肘外侧。右腿上抬,右掌挂至体左侧;左掌伸向右腋下。右脚以全脚掌用力向下震跺;左脚急速离地抬起。右手由左向上、向前掳盖后变拳收至腰侧;左掌伸直向下、再向上、向前屈肘下按;上体右转。左脚向前落步;右腿蹬直成左弓步。右拳向前冲出;左掌藏于右腋下。目视右拳。

图 5 - 50

图 5 - 51

图 5 – 52

图 5 – 53

（五）马步冲拳（Horse Stance and Thrust Punch）（图 5 – 54）

要点：上体右转 90°，成马步。右拳收至腰侧，左掌变拳向左冲出。目视左拳。

（六）弓步下冲拳（Bow Stance, Block Palm and Thrust Punch）（图 5—55）

要点：成左弓步，左拳变掌向下经体前向上架于头左上方；右拳自腰侧向左前斜下方冲出。目视右拳。

图 5 – 54

图 5 – 55

（七）叉步亮掌侧踹腿（Back Crossed Step and Side Sole Kick）（图 5 – 56 至图 5 – 58）

要点：上体稍右转。左掌由头上下落于右手腕上，右拳变掌，两手交叉成十字。右脚蹬地并向左腿后插步，左掌划弧成勾手；右掌亮掌。目视左侧。左腿屈膝提起，向左上方猛力蹬出。目视左侧。

图 5－56

图 5－57

图 5－58

（八）虚步挑拳（Empty Stance and Tile Punch）（图 5－59 至图 5－61）

要点：右掌变拳稍后移，左勾手变拳，由体后向左上挑。上体左转 180°，左拳继续向前向上划弧上挑；右拳向下向前划弧挂至右膝外侧；同时右膝提起。右脚向左前上步，脚尖点地；左腿下蹲成右虚步。左拳向后划弧收至腰侧；右拳向前屈臂挑出。目视右拳。

图 5－59

图 5－60

图 5－61

五、第四段

（一）弓步顶肘（Bow Stance and Elbowing）（图 5－62 至图 5－66）

要点：右臂内旋向下直臂划弧，以拳背下挂至右膝内侧；左腿蹬直，右腿屈膝上抬。左拳变掌，两臂向前向上划弧摆起；左脚蹬地起跳，两臂继续划弧至头上方。右脚先落地，左脚向前落步。同时两臂停于右胸前，右拳变掌，左掌变拳；右掌心贴靠左掌面。左脚向左上一步，左腿屈膝，右腿蹬直成左弓步；右掌推左拳，以左肘尖向左顶出。目视前方。

图 5－62

图 5－63

图 5－64

图 5－65

图 5－66

（二）转身左拍脚(Turn Body and Left Slap Kick)（图 5－67、图 5－68）

要点：以两脚前脚掌为轴向右后转 180°。右臂抡摆，同时左拳变掌向前上抡摆。左腿伸直向前上踢起；左掌变拳收至腰侧，右掌由体后向上向前拍击左脚面。

图 5－67

图 5－68

(三)右拍脚(Right Hand Slaps Foot)(图5-69、图5-70)

要点:左拳变掌向下向后摆,右掌变拳收至腰侧。右腿伸直向前上踢起,左拳变掌拍击右脚面。

图5-69

图5-70

(四)腾空飞脚(Jump Front Kick)(图5-71至图5-73)

要点:左脚向前摆起,右脚蹬地跳起。右拳变掌向前向上摆起,左掌先上摆而后下降拍击右掌背。右手拍击右脚面,左掌由体前向后上举。

图5-71

图5-72

图5-73

(五)歇步下冲拳(Cross-Legged Stance and Thrust Punch)(图5-74、图5-75)

要点:左、右脚先后相继落地;左掌变拳收至腰侧。身体右转90°,两腿全蹲成歇步。右掌变拳收至腰侧;左拳由腰侧向前下方冲出。目视左拳。

图 5-74

图 5-75

(六)仆步抡劈拳(Crouch Stance, Windmill and Chop Punch)(图 5-76 至图 5-78)

要点:右臂由腰侧向体后伸直;左臂向上摆起。以右脚前脚掌为轴,左腿屈膝提起,上体左转 270°。左右拳划立圆一周。左腿向后落一步,屈膝全蹲;右腿伸直,脚尖里扣成右仆步。右拳由上向下抡劈;左拳后上举。目视右拳。

图 5-76

图 5-77

图 5-78

(七)提膝挑掌(Knee Lifted and Straight Arm Raise Palm)(图 5-79、图 5-80)

要点:重心前移成右弓步;同时右拳变掌由下向上抡摆,左拳变掌稍下落。左、右臂在垂直面上由前向后各划立圆一周。右臂伸直停于头上;左臂伸直停于身后成反钩手。同时右腿屈膝提起,左腿挺膝伸直。目视前方。

图 5－79

图 5－80

（八）提膝劈掌弓步冲拳（Knee Lifted，Chop Palm，Bow Stance and Thrust Punch）（图 5－81 至图 5－83）

要点：右掌由上向下猛劈伸直，停于右小腿内侧；左勾手变掌，屈臂向前停于右上臂内侧。右脚向右后落地，身体右转 90°。同时左掌变拳收至腰侧，右臂做劈掌。左腿蹬直成右弓步，右手抓握变拳收至腰侧；左拳由腰侧向左前方冲出。目视左拳。

图 5－81

图 5－82

图 5－83

六、结束动作（Closing Movement）

（一）虚步亮掌（Empty Stance and Block Palm）（图 5－84 至图 5－86）

要点：右脚扣于左膝后；两拳变掌，两臂右上左下屈肘交叉于体左前。右掌划弧，停于左腋下；左掌划弧停于左胸前。左脚尖稍向右移，右腿下蹲成左虚步。左臂伸直向左、向后划弧成反钩手；右臂划弧抖腕亮掌。目视左方。

图 5－84

图 5－85

图 5－86

（二）并步对拳（Feet Together）（图 5－87 至图 5－89）

要点：左腿后撤一步，同时两掌从两腰侧向前穿出伸直。右腿后撤一步，同时两臂分别向体后下摆；左脚后退半步向右脚并拢。两掌由后向上经体前屈臂下按，两掌变拳，停于腹前。目视左方。

图 5－87

图 5－88

图 5－89

图 5－90

（三）还原（Finished Position）（图 5 - 90）

要点：两臂自然下垂。目视正前方。

第二节　简化太极拳

太极拳是一种柔和、缓慢、轻灵的拳术。它以捋、挤、按、采、挒、肘、靠、进、退、顾、盼、定为基本势。动作轻柔圆活，处处带有弧形，运动绵绵不断，势势相承。传统的太极拳有陈式、杨式、吴式、孙式和武式等较有影响的流派。各式太极拳都有其各自不同的特点。二十四式太极拳是杨式太极拳的简化套路，选编了杨式太极拳的主要技法，动作简单易学，功效显著，适合中小学生练习。

一、第一组

（一）起势（Commencing Form）（图 5 - 91 至图 5 - 94）

要点：身体自然直立，两脚开立，两臂自然下垂，眼看前方；两臂慢慢向前平举；手心向下，两腿屈膝下蹲，同时两掌轻轻下按，眼向前平视。

图 5 - 91

图 5 - 92

图 5 - 93

图 5 - 94

（二）左右野马分鬃(Part Wild Horse's Mane on Both Sides)（图5－95 至图5－109）

要点：上体微向右转；同时右臂收在胸前平屈，左手经体前向右下划弧放在右手下，两手心相对成抱球状，左脚随即收到右脚内侧，眼看右手。上体微向左转，成左脚向左前方迈出左弓步；同时上体继续向左转，左右手随转体慢慢分别向左上和右下分开。左脚尖翘起，脚掌慢慢踏实；两手心相对成抱球状。右脚随即收到左脚内侧，眼看左手。右腿向右前方迈步成成右弓步；同时上体右转，左右手随转体分别向左下和右上分开；左手落在左胯旁，眼看右手。

图5－95

图5－96

图5－97

图5－98

图5－99

图5－100

图5－101

图5－102

图5－103

图 5－104

图 5－105

图 5－106

图 5－107

图 5－108

图 5－109

（三）白鹤亮翅（White Crane Flashes Its Wings）（图 5－110 至图 5－112）

要点：上体微向右转体，左手臂平屈胸前，右手向左上划弧，与左手成抱球状，眼看左手。右脚跟前进半步，上体先向右转，面向右前方，眼看右手；然后左脚前移成左虚步。同时上体微左转，两手随转体分开，右手上提停于右额前，左手落于左胯，眼看前方。

图 5－110

图 5－111

图 5－112

二、第二组

(一)左右搂膝拗步(Brush Knee on Both)(图5－113至图5－127)

要点:右手从体前下落,然后由下向后上划弧到右肩外侧;左手划弧至右胸前;左脚收至右脚内侧,同时上体先微向左在向右转,左脚收到右脚内侧,眼看右手。上体左转,左脚向左前迈成左弓步;同时右手屈回由耳侧向前推出,左手向下由左膝前搂过落于左胯旁。右腿慢慢屈膝,随后脚掌慢慢踏实;左腿前弓,身体左转,身体重心移到左腿,右脚收到左脚内侧;同时左手向外翻掌由左后划弧至左肩外侧;右手随转体向上、向左划弧落于左胸前。眼看左手。

图5－113

图5－114

图5－115

图5－116

图5－117

图5－118

图5－119

图5－120

图5－121

图 5 - 122

图 5 - 123

图 5 - 124

图 5 - 125

图 5 - 126

图 5 - 127

(二)手挥琵琶(Strum the Lute)(图 5 - 128 至图 5 - 130)

要点:右脚跟进半步,上体半面向右转,重心移到右腿;左脚略提起稍向前移,变成左虚步,同时左手由左下向上挑举;右手收回放在左肘部里侧。眼看左手食指。

图 5 - 128

图 5 - 129

图 5 - 130

(三)左右倒卷肱(Curve Back Arms on Both Sides)(图 5 - 131 至图 5 - 143)

要点:上体右转,右手翻转经腹前由下向后上方划弧平举,左手随即翻掌向上;

眼的视线随着向右转体先向右看，再转向前方看左手。右臂屈肘折向前，右手由耳侧向前推出，左臂屈肘后撤，撤至左肋外侧；同时左腿轻轻提起向后（偏左）退一步，成右虚步，右脚随转以脚掌为轴扭正；眼看右手。上体微向左转，同时左手随转体向后上方划弧乎举。眼随转体先向左看，再转向前方看右手。

图 5－131

图 5－132

图 5－133

图 5－134

图 5－135

图 5－136

图 5－137

图 5－138

图 5－139

图 5 - 140

图 5 - 141

图 5 - 142

图 5 - 143

三、第三组

(一)左揽雀尾(Grasp the Bird's Tail - Left Style)(图 5 - 144 至图 5 - 156)

要点:上体微向右转,右手随转体向后上方划弧平举;眼看左手。身体继续向右转,左手下落渐渐翻掌经腹前划弧至右肋前;右臂屈肘,收到右胸前,两手相对成抱球状;左脚收到右脚内侧,眼看右手。上体微左转,左脚向左前方迈出,左腿屈膝成左弓步;同时左臂向左前方伸出;右手放于右胯旁;眼看左手臂。身体微微左转,左手前伸翻掌向下,右手翻掌向上,经腹前向上、向前伸到左前臂下方;然后两手下捋。上体微向右转,两手经腹前向右后上方划弧左臂屈于胸前,同时身体重心移到右腿;眼看右手。上体微左转,右臂屈肘折回,右手附与左手腕里侧,上体继续左转,双手同时向前挤出,同时身体重心逐渐前移变成左弓步,眼看左手腕部。左手翻掌,右手经左手腕上方向前、向右伸出,两手左右分开;然后右腿屈膝,上体慢慢后坐;同时两手屈肘回收至腹前,手心均向前下方,眼向前看。身体重心慢慢前移,同时两手向前、向上按出,左腿前弓成左弓步。眼平视前方。

图 5 - 144

图 5 - 145

图 5 - 146

图 5 - 147

图 5 - 148

图 5 - 149

图 5 - 150

图 5 - 151

图 5 - 152

图 5－153

图 5－154

图 5－155

图 5－156

（二）右揽雀尾（Grasp the Bird's Tail - Right Style）（图 5－157 至图 5－170）

要点：上体后坐并向右转；右手向右平行划弧至右侧，然后由右下经腹前向左上划弧至左肋前；左臂平屈胸前，左手掌向下与右手成抱球状；右脚收至左脚内侧。眼看左手。抱球后的动作要点与“左揽雀尾”动作相同、方向相反。

图 5－157

图 5－158

图 5－159

图 5－160

图 5－161

图 5－162

图 5－163

图 5－164

图 5－165

图 5－166

图 5－167

图 5－168

图 5－169

图 5－170

四、第四组

(一)单鞭(Single Whip)(图5-171至图5-176)

要点:上体后坐,重心落于左腿;同时上体左转,两手向左弧形运转,直至左臂平举,伸于身体左侧;右手经腹前运至左肋前,眼看左手。重心再移到右腿,上体右转,左脚向右脚靠拢,同时右手向右上方划弧,至右侧方时变勾手;左手划弧停于右肩前,眼看左手。上体微微左转,左脚向左前侧方迈出,成左弓步;在身体重心移到左腿同时,左掌随上体的继续左转慢慢翻转向前推出。眼看左手。

图5-171

图5-172

图5-173

图5-174

图5-175

图5-176

(二)云手(Wave Hands Like Clouds—Left style)(图5-177至图5-191)

要点:身体重心移到右腿,身体渐向右转;左手经腹前划弧至右肩前,同时右手变掌;眼看左手。上体慢慢左转,左手由脸前向左侧运转;右手由右下经腹前向左上划弧,至左肩前;同时右脚靠近左脚,成小开立,眼看右手。上体再向右转,同时左手划弧至右肩前;右手向右侧运转,手心翻转向右;随之左腿向左横跨一步。眼看左手。

图 5－177

图 5－178

图 5－179

图 5－180

图 5－181

图 5－182

图 5－183

图 5－184

图 5－185

图 5－186

图 5－187

图 5－188

图 5－189

图 5－190

图 5－191

五、第五组

(一)高探马(High Pat on Horse)(图 5－192、图 5－193)

要点:右脚跟进半步;右勾手变成掌,两手心翻转向上;同时身体微向右转,左脚跟渐渐离地,眼看左前方。上体微向左转,右掌经右耳旁向前推出;左手收至左侧腰前,同时左脚微向前移,成左虚步,眼看右手。

图 5－192

图 5－193

(二)右蹬脚(Kick with Right Heel)(图 5－194 至图 5－199)

要点:左手手心向上,前伸至右手腕背面。两手相互交叉,随即向两侧分开并向下划弧;同时左脚提起向左前侧方进步;右腿自然蹬直,成左弓步。两手由外围向里圆划弧,两手交叉合抱于胸前;同时右脚向左脚靠拢,眼看右前方。两臂左右划弧分开平举;同时右腿屈膝提起,右脚向右前方慢慢蹬出,眼看右手。

图 5－194

图 5－195

图 5－196

图 5－197

图 5－198

图 5－199

（三）双峰贯耳（Strike Opponent's Ears with Both Fists）（图 5－200 至图 5－203）

要点：右腿收回，屈膝平举，左手由后经向上、向前下落至体前；两手心均翻转向上，两手同时向下划弧分落于右膝盖两侧，眼看前方。右脚向右前方落下，成右弓步；同时两手下落，慢慢变拳，分别从体侧向上、向前划弧至面部前方，成钳形状，两拳相对，眼看右拳。

图 5－200

图 5－201

图 5－202

图 5－203

(四)转身左蹬脚(Turn and Kick with the Left Heel)(图 5－204 至图 5－209)

要点:与“右蹬脚”相同,只是左右相反。

图 5－204

图 5－205

图 5－206

图 5－207

图 5－208

图 5－209

六、第六组

（一）左下势独立（Push Down and Stand on One Leg Left Style）（图 5－210 至图 5－216）

要点：左腿收回平屈，上体右转；右掌变成勾手，左掌向上、向右划弧下落，立于右肩前，眼看右手。右腿慢慢屈膝放下，左腿由内向左伸出，成左仆步，左手下落向左下顺左腿内侧向前穿出手，眼看左手。身体重心前移，左脚跟为轴，脚尖尽量向外撇，左腿前弓，右腿后蹬；上体微向左转并向前起身，同时左臂向前伸出，右勾手下落；眼看前方。右腿慢慢提起平屈，成左独立式；同时右勾手变掌，并由后下方顺右腿外侧向前弧形摆出，屈臂利于右腿上方，肘与膝关节相对，左手落于左胯旁。眼看右手。

图 5－210

图 5－211

图 5－212

图 5－213

图 5－214

图 5 - 215

图 5 - 216

（二）右下势独立（Push Down and Stand on One Leg Right Style）（图 5 - 217 至图 5 - 223）

要点：与“左下势独立”相同，只是左右相反。

图 5 - 217

图 5 - 218

图 5 - 219

图 5 - 220

图 5 - 221

图 5 - 222

图 5 - 223

七、第七组

(一)左右穿梭(Work at Shuttles on Both Sides)(图 5 - 224 至图 5 - 233)

要点:身体微向左转,左脚向前落地,右脚跟离地,两腿屈膝成半坐盘式;同时两手在左胸前成抱球状;然后右脚收到左脚的内侧,眼看左前臂。身体右转,右脚向右前方迈出,成右弓步;同时右手由脸前向上举并翻掌停在右额前;左手由左下经体前向前推出,眼看左手。身体重心后移,右脚尖稍向外撇,左脚跟进,停于右脚内侧;同时两手在右胸前成抱球状。眼看右前臂。

图 5 - 224

图 5 - 225

图 5 - 226

图 5 - 227

图 5 - 228

图 5 - 229

图 5 – 230

图 5 – 231

图 5 – 232

图 5 – 233

（二）海底针（Needle at Sea Bottom）（图 5 – 234、图 5 – 235）

要点：右脚向前跟进半步，左脚稍向前移，成左虚步；同时身体稍向右转，右手下落上提至耳旁，再随身体左转，由右耳旁斜向前下方插出；左手向前、向下划弧落于左胯旁。眼看前下方。

图 5 – 234

图 5 – 235

（三）闪通臂（Flash Arm）（图 5－236 至图 5－238）

要点：上体稍向右转，左脚向前迈出，屈膝弓腿成左弓步；同时右手由体前上提，停于右额前上方；左手上起经胸前向前推出。眼看左手。

图 5－236

图 5－237

图 5－238

八、第八组

（一）转身搬拦捶（Turn to Deflect Downwards Parry and Punch）（图 5－239 至图 5－245）

要点：上体后坐，身体向右后转；右手随着转体向右、向下经腹前划弧至左肋旁。向右转体，右拳经胸前向前翻转撇出；左手落于左胯旁，同时右脚收回后即向前迈出。左脚向前迈一步；左手上起经左侧向前上划弧拦出；同时右拳向右划弧收到右腰旁。左腿前弓成左弓步，同时右掌向前打出，左手附于右前臂里侧。眼看右拳。

图 5－239

图 5－240

图 5－241

图 5－242

图 5－243

图 5－244

图 5－245

（二）如封似闭（Apparent Close－up）（图 5－246 至图 5－251）

要点：左手由右腕下向前伸出，右拳变掌，两手手心逐渐翻转向上并慢慢分开回收；同时身体后坐，左脚尖翘起。两手在胸前翻掌，向下经腹前再向上、向前推出，同时左腿前弓成左弓步；眼看前方。

图 5－246

图 5－247

图 5－248

图 5－249

图 5－250

图 5－251

（三）十字手（Cross Hands）（图 5－252 至图 5－255）

要点：屈膝后坐，向右转体；右手随着转体动作向右平摆划弧，与左手成两臂侧平举；同时右脚尖随着转体稍向外撇，成右侧弓步。右脚尖里扣，随即向左收回，两腿逐渐蹬直；同时两手向下经腹前向上划弧交叉合抱于胸前，两臂撑圆，成十字手。眼看前方。

图 5－252

图 5－253

图 5－254

图 5－255

(四)收势(Closing Form)(图5-256至图5-258)

要点:两手向外翻掌,手心向下,两臂慢慢下落,停于身体两侧。眼看前方。

图5-256

图5-257

图5-258

第六章

器械武术套路快乐速成练习

本章重点以初级刀术、初级剑术为例，配合生动、直观的图片介绍其快乐速成练习方法，提高中小学生对器械武术套路练习的兴趣。

第一节　初级刀术

刀是武术器械的一种。现在通称和常用的刀是武术器械中短兵器的一种。单刀以缠头裹脑、劈、砍、撩、挂、扎、扫、截、斩、点等刀法和另一手的协调配合及各种步法、跳跃等动作构成套路结构。练起刀来，刀声嗖嗖，可呈现出勇猛剽悍、雄壮有力的形象，故有“刀如猛虎”之说。

一、预备式

两脚并立，目平视前方。左手抱刀，刀刃朝前，刀尖朝上刀背贴靠前臂内侧；右手五指并拢，垂于身体右侧。

（一）预备动作一（图6－1至图6－5）

要点：右手向右、向上成弧形直臂绕环上举。右臂外旋并屈肘，从左肩下降至左腋近侧；左手握刀由身前屈肘从右臂里面直臂向上穿出。右手从左腋向下、向右弧形绕环，同时左手提刀从上向左、向下弧形绕环。右手继续向上绕环至头顶，屈腕成横掌；左手握刀继续向下绕环至身后。右腿在右手成横掌同时屈膝半蹲，左脚则随之向前伸出。目向左平视。

图 6 – 1

图 6 – 2

图 6 – 3

图 6 – 4

图 6 – 5

(二)预备动作二(图 6 – 6 至图 6 – 8)

要点:左脚向前上半步。右掌同时从身前向身后弧形下落,至身后反臂斜举。右脚前进一步,膝略屈。左手握刀与右手同时从身后向两侧平举。右腿伸直,左脚向前并步。左手握刀与右手同时从两侧向额前上方绕环,至额前上方时,右手拇指张开贴近刀盘,准备接握左手之刀。

图 6 – 6

图 6 – 7

图 6 – 8

二、第一段

(一)弓步缠头(Bow Stance and Wrap)(图6-9、图6-10)

要点:右腿屈膝略蹲,左脚向左上步。右手持刀使刀背贴身从左绕向身后,左臂内旋向左伸出。上身左转,右腿挺膝伸直,左腿屈膝半蹲,成左弓箭步。右手持刀,与上身左转之同时绕环平扫;左臂随之屈肘上举,至头顶上方成横掌。目向前平视。

图6-9

图6-10

(二)虚步藏刀(Empty Stance and Hide)(图6-11至图6-14)

要点:上身右转,右腿屈膝。右手持刀,从左肋处向右平扫,左掌随之向左侧平落。顺扫刀之势右臂外旋。以右脚前脚掌为轴碾地,上身随之左转。左脚后收半步。右手持刀,从背后向左肩外侧绕行;同时左手弧形绕环。右腿屈膝半蹲,左腿微屈膝,成虚步。右手持刀从左肩外侧向下、向后拉回;左手随即向前成侧立掌平直推出。目视左掌。

图6-11

图6-12

图 6 – 13

图 6 – 14

（三）弓步前刺（Bow Stance and Forward Thrust）（图 6 – 15）

要点：左脚稍前移，右脚随即向前上步，右腿屈膝半蹲，成右弓箭步。左掌弧形绕环，至身后平举成钩手；右手持刀随之向前直刺。目视刀尖。

图 6 – 15

图 6 – 16

图 6 – 17

（四）并步上挑（Feet Together and Straight Arm Raises）（图 6 – 16、图 6 – 17）

要点：左脚不动，右脚蹬地回收，并步直立。右手持刀在右脚向后并步之同时向上挑起，并立即屈腕使刀身向背后落下；左钩手随之向左平摆。目向前平视。

（五）左抡劈（Left Windmill and Chop）（图 6 – 18 至图 6 – 21）

要点：右脚向左斜前方上步；右手持刀同时向左斜前方劈下，左钩手变掌附于右肘处。顺劈刀之势右臂内旋屈腕，使刀尖从下摆向身后。左脚向左斜前方上步，右腿挺膝伸直，成左弓箭步。右手持刀从上向右斜前方劈下；左臂同时屈肘上举，至头顶上方成横掌。目视刀尖。

图 6－18

图 6－19

图 6－20

图 6－21

（六）右抡劈（Right Windmill and Chop）（图 6－22 至图 6－25）

要点：同上述“左抡劈”，方向与之相反。

图 6－22

图 6－23

图 6－24

图 6－25

（七）弓步撩刀（Bow Stance and Upper Cut）（图 6－26 至图 6－29）

要点：右手持刀臂外旋屈肘使刀刃朝上，右脚提起离地。右脚随即向前落步。右手持贴身弧形绕环；左掌此时从上向下按于刀背上面。左脚从体前上步，右腿挺膝伸直，成左弓箭步。右手持刀随左脚上步之同时向前撩起。上身前探，目视刀尖。

图 6－26

图 6－27

图 6－28

图 6－29

（八）弓步藏刀（Bow Stance and Hide）（图 6－30 至图 6－33）

要点：右手持刀，从体前向后平扫；左臂平举于左侧。上身右转，左脚尖里扣，右脚向后撤步。右手持刀臂外旋。左脚向左斜后方撤步，右腿屈膝，左腿伸直；同时左掌向下、向右腋弧形绕环，右手持刀从背后向左肩外侧绕行。右腿半蹲，成右弓箭步。右手持刀从左肩外侧向右后下方拉回；左掌随之从右腋处向前成侧立掌平直推出。目视指尖。

图 6－30

图 6－31

图 6－32

图 6－33

三、第二段

（一）提膝缠头（Knee Lifted and Wrap）（图 6－34 至图 6－36）

要点：右脚不动，左脚向前上一步。左掌屈肘收于右肩前方，右手持刀向左后绕行。右手持刀继续顺左臂外侧绕行至背后，左掌随之向左直臂平摆。右脚从身后屈膝在身前提起。右手持刀从背后向前、向左肋处绕环平扫，至左肋下顺扫刀之势臂内旋，使刀平摆于左肋下；左掌同时从左侧屈肘上举至头顶上方成横掌。目向右平视。

图 6 – 34

图 6 – 35

图 6 – 36

(二)弓步平斩 (Bow Stance and Horizontal Cut) (图 6 – 37、图 6 – 38)

要点:左脚不动,右脚向右侧落步,上身稍向右转,右腿屈膝半蹲,成右弓箭步。右手持刀从左肋处向身前平扫;左掌同时从上向后平落。目视刀尖。

图 6 – 37

图 6 – 38

(三)仆步带刀 (Crouch Stance and Withdraw) (图 6 – 39、图 6 – 40)

要点:右手持刀臂外旋使刀刃朝上;左腿屈膝全蹲,右腿挺膝伸直平铺,成仆步。右手持刀向左上方屈肘带回;左掌同时屈肘附于刀把内侧,拇指一侧朝下。目向右侧平视。

图 6 – 39

图 6 – 40

(四)歇步下砍(Cross - Legged Stance and Low Hack)(图 6 - 41 至图 6 - 43)

要点:上身稍抬起。右手持刀,从右肩外侧向背后绕行;左掌同时向左侧平伸。右脚不动,左脚从身后向右侧插步。同时左掌从左向下、向右腋处弧形绕环;右手持刀从背后向左肩外侧绕行。两腿屈膝全蹲成歇步。右手持刀从左向前、向右下方斜砍;左掌随之向左摆出,在左侧上方成横掌。目视刀身。

图 6 - 41

图 6 - 42

图 6 - 43

(五)左劈刀(Left Chop)(图 6 - 44 至图 6 - 48)

要点:左掌屈肘收至右额前,并附于右手腕;右手持刀,使刀背顺左臂外侧向左后方绕行。两脚前脚掌碾地,使上身向左后转。左掌随之向左侧平摆;右手持刀顺左臂绕行至背后。上身继续左转成左弓步。左脚不动,右脚向左斜前方上步。右手持刀向下方斜劈;左掌随之屈肘附于右肘处。顺劈刀之势右臂内旋,屈腕使刀尖摆向身后;左掌附于右腕处。目向前平视。

图 6 - 44

图 6 - 45

图 6 - 46

图 6－47　　图 6－48

（六）右劈刀（Right Chop）（图 6－49 至图 6－51）

要点：同“左劈刀”，方向与之相反。

图 6－49　　图 6－50　　图 6－51

（七）歇步按刀（Cross－Legged Stance and Press）（图 6－52～图 6－54）

要点：右手持刀臂外旋屈肘，使刀背从右肩外侧向后绕行。左脚前脚掌碾地，使脚跟外展；右脚从身后向左侧插步。右手持刀从背后向左肩外侧绕行；同时左掌从左侧上举附于右手腕的拇指近侧。两腿屈膝全蹲成歇步。右手持刀向左侧下按，左手附于右腕。目视刀身。

图 6－52　　图 6－53　　图 6－54

（八）马步平劈（Horse Stance and Horizontal Chop）（图 6－55、图 6－56）

要点：两腿稍微蹬起，上身向右后转。右手持刀与左掌随身体转动至上身左侧时，两手从左向上举起。两腿屈膝半蹲成马步。右手持刀从左向上、向右劈下；左掌在头顶上方屈肘成横掌。目视刀尖。

图 6－55

图 6－56

四、第三段

（一）弓步撩刀（Bow Stance and Upper Cut）（图 6－57、图 6－58）

要点：左掌从上向右肩弧形绕至右肩前。上身左转，成右弓箭步。左掌圆形绕环，至身后成斜上举；右手持刀随右脚上步之同时向下、向左侧撩起，刀刃斜朝上，刀尖斜朝下。目视刀尖。

图 6－57

图 6－58

（二）插步反撩（Back Cross Step and Reverse Upper Cut）（图 6－59、图 6－60）

要点：上身左转，右腿蹬直，左腿屈膝。同时右手持刀从右向上、向后弧形绕环，左掌屈肘收于右胸前。上身右转，左脚从身后向右侧插步。右手持刀继续向下、向右反臂弧形绕环撩刀；同时左掌向左侧成横掌推出。目视刀尖。

图 6 – 59

图 6 – 60

(三)转身挂劈(Turn Body, Upper Parry and Chop)(图 6 – 61 至图 6 – 64)

要点:上身向左后翻转,右手持刀手腕。从下向左、向上挑挂;左掌随上身转动。上身继续向左后转,两腿交叉。右手持刀随上身后转的同时从上向下、向左弧形绕环挂刀;左掌屈肘附于右腕处。左脚不动,右脚向右跨步。右手持刀臂内旋;左掌从右腕处向下、向左弧形绕环平伸。左腿蹬地提起屈膝于腹前。右手持刀从上向右用力下劈;左掌随之屈肘上举,在头顶成横掌。目视刀尖。

图 6 – 61

图 6 – 62

图 6 – 63

图 6 – 64

(四)仆步下砍(Crouch Stance and Low Hack)(图 6 – 65、图 6 – 66)

要点:左脚在左侧落步,右腿伸直,左腿屈膝。右手持刀臂外旋屈肘,从右肩外侧向后沿肩背绕行；同时左掌从上向左、向下、向右胸前弧形绕环，至右胸前成侧立掌。左腿屈膝全蹲，右腿伸直平铺成仆步。右手持刀从背后向左、向前、向右下方绕行平砍；左掌同时屈肘举于头顶上方成横掌。目视刀身。

图 6－65

图 6－66

（五）架刀前刺（Block and Forward Thrust）（图 6－67 至图 6－69）

要点：左腿蹬地起立并向右侧上步，身体向右后转。右手持刀内旋；同时左掌附于右手腕的拇指近处。右腿屈膝提起，上身向右后转。转身时，右手持刀上举；转身后，两臂屈肘使刀平落。右脚向前落步，左腿挺膝伸直，右腿屈膝半蹲成右弓箭步。右手持刀向前直刺；同时左掌向左后方平伸。目视刀尖。

图 6－67

图 6－68

图 6－69

（六）左斜劈（Left Slanted Chop）（图 6－70 至图 6－72）

要点：两脚前脚掌碾地，使上身向右转。右手持刀臂内旋，使刀背沿左肩外侧向后方绕行；左手从右向左前方弧形平摆。左腿屈膝提起。右手持刀从后向右、向前、向左下方绕环下劈；左掌附于右前臂。顺劈刀之势，右臂内旋屈腕，使刀尖向左后上方摆起。

图 6－70

图 6－71

图 6－72

(七)右斜劈(Right Slanted Chop)(图 6－73、图 6－74)

要点:同“左斜劈”,方向与之相反。

图 6－73

图 6－74

(八)虚步藏刀(Empty Stance and Hide)(图 6－75 至图 6－77)

要点:右脚向后落步伸直,左腿屈膝。右手持刀臂外旋、屈腕,沿右肩外侧向左后绕行。右腿屈膝略蹲,左脚后退半步。右手持刀从背后向左肩外侧绕行,同时左掌弧形绕环。右手持刀从左肩外侧向下、向后拉回;左掌随即向前成侧立掌平直推出。目视左掌。

图 6－75

图 6－76

图 6－77

五、第四段

(一)旋转扫刀(Turn and Sweep)(图 6－78 至图 6－82)

要点:右手持刀臂内旋,左掌屈肘附于右手腕的拇指近侧。左脚尖外撇,右脚上步。右手持刀沿左肩向右后方绕行,同时左掌从右向左平摆。左脚从身后向右侧方插步,右手持刀继续从背后向右肩外侧绕行。两腿屈膝全蹲成歇步,右手持刀平扫。上身向左后转,右手持刀随身转动。转身后,两腿直立。右手持刀顺扫刀之势臂内旋,将刀靠于左臂外侧;左掌附于右手腕的拇指近侧。

图 6－78

图 6－79

图 6－80

图 6－81

图 6－82

(二)翻身劈刀(Turn Body and Chop)(图 6－83 至图 6－85)

要点:上身右转,同时右手持刀向右侧下劈,左掌附于右前臂。右脚向左侧摆起。左脚蹬地跳起,同时上身向左后翻转,接着右脚向前落地。左掌弧形绕环,至头顶屈肘成横掌;右手持刀随翻转身之势向下、向左后绕环撩起。上身继续向后转。左脚向身体的右后方落步,左腿屈膝全蹲,右腿伸直平铺成仆步。右手持刀从上向前劈下;左掌随之摆起,屈肘成横掌。目视刀尖。

图 6-83

图 6-84

图 6-85

(三)缠头箭踢(Wrap and Jump Heel Kick)(图 6-86、图 6-87)

要点:左脚蹬直使上身立起。左掌屈肘收于右肩前方;右手持刀臂内旋,使刀背沿左臂外侧向后绕行。同时左脚向前摆起,右脚蹬地纵起。在空中,右手持刀做缠头动作,从背后向右、向前、向左肋处绕环平扫;左掌随之屈肘上举至头顶上方成横掌。同时右脚用脚跟向前蹬踢。左脚此时即用前脚掌落地。

(四)仆步按刀(Crouch Stance and Press)(图 6-88 至图 6-91)

要点:上身右转,右手持刀斜劈;左手左斜举。右腿屈膝收回。右手持刀臂外旋,使刀从右肩外侧向背后绕行。上身向右后转。同时左脚蹬地纵起,右脚趁势下落。右手持刀绕行,左掌随之屈肘附于右手腕的拇指近处。右腿屈膝全蹲;左脚在左侧方落步,左腿伸直平铺成仆步。右手持刀与左掌同时向下按切,左手附于右手腕。目向左平视。

图 6-86

图 6-87

图 6-88

图 6－89

图 6－90

图 6－91

（五）缠头蹬腿（Wrap and Heel Kick）（图 6－92 至图 6－96）

要点：右腿蹬直立起，左膝提起成独立。右手持刀向右后拉回，左掌向左前方伸出。上身左转，右手持刀抄起；左掌屈肘附于右前臂。右手持刀从左肩外侧向后沿肩背绕行；左脚即向左斜前方落步，左掌向左平摆。右手持刀从背后经右肩外侧向前、向左肋绕环平扫，至左肋时顺扫刀之势臂内旋；左掌随之屈肘上举至头顶上方成横掌。右脚脚尖上跷，用脚跟向前上方蹬腿。目视脚尖。

图 6－92

图 6－93

图 6－94

图 6－95

图 6－96

（六）虚步藏刀（Empty Stance and Hide）（图 6－97 至图 6－101）

要点：右脚向前落步。左脚向前跃步，右脚趁势提起。右手持刀，随着转身平扫一周；左掌从上向左后方平摆。右脚向后落步，右手持刀臂外旋，使刀从右肩外侧向后绕行。左掌从左侧向下、向右腋处弧形绕环后附于右腕处；右手持刀从背后向左肩外侧绕行。右腿屈膝半蹲，左腿略屈膝。右脚踏实，左脚尖点地成虚步。右手持刀向下、向后拉回；左掌向前平伸推出。目视左掌。

图 6－97

图 6－98

图 6－99

图 6－100

图 6－101

（七）弓步缠头（Bow Stance and Wrap）（图 6－102、图 6－103）

要点：左脚向左前方上半步；同时右手持刀臂内旋，做缠头动作。右腿挺膝伸直，左腿屈膝半蹲，成左弓箭步。右手持刀绕环平扫，至左肋时，顺扫刀之势臂内旋，使刀背贴靠于左肋；同时左掌屈肘上举至头顶上方成横掌。目向前平视。

图 6 - 102

图 6 - 103

（八）并步抱刀（Feet Together and Hold）（图 6 - 104 至图 6 - 106）

要点：左腿伸直，右腿屈膝，上身右转。右手持刀向右平扫，左掌随之向左平摆。顺扫刀之势右臂外旋，使刀背向身后平摆。右腿伸直，左脚向右脚靠拢，并步直立。右手持刀，刀把向额前上方举起；同时左掌也向额前上方举起，拇指张开用掌心握住刀把，准备将右手之刀接回。目视右侧。

图 6 - 104

图 6 - 105

图 6 - 106

六、结束动作

结束动作如图 6 - 107 至图 6 - 109 所示。

要点：左手将刀接回与右掌同时从上由前分向两侧落下；左手抱刀，刀背贴靠臂肘，左脚向后退一步。右脚向后撤一步，同时右掌从下向后、向上绕向右耳侧成横掌；左手握刀不动。左脚后退向右脚靠拢。右掌随即从右耳侧向下按落；左手握刀不动。目向左平视。

图 6－107

图 6－108

图 6－109

第二节　初级棍术

棍,“取其坚木为之,长四五尺”,是古代常用兵器之一。棍术以快速移动的步法、灵活多样的棍法,配合蹿蹦跳跃等起伏转折和优美的造型,给人以攻防有度、形神兼备、动作逼真、节奏鲜明、浑然一体的技击美和艺术美的感受。练习时要棍法圆熟,梢把兼用,身棍合一,体现“棍扫一大片”的特点。

一、预备式

预备式如图 6－110、图 6－111 所示。

要点:两脚并步,身体直立,两臂自然下垂于体侧;右手持棍立于身体右侧。目向左平视。右手提棍上举,臂伸直;左手随即握住棍把。目仍向左平视。

图 6－110

图 6－111

二、第一段

（一）弓步劈棍（Bow Stance Downward Strike）（图 6－112、图 6－113）

要点：身体左转，左脚向前上一步，屈膝，右腿蹬直，成左弓步。同时，两手握棍随上步动作使棍身上段向前下劈，棍把紧贴左腰侧。目向前平视。

图 6－112

图 6－113

（二）弓步撩棍（Bow Stance Upper Cut）（图 6－114、图 6－115）

要点：右手捏棍向左侧上举，随即松握下滑握住棍的把端，左手撤开，由棍把处换握于棍的中段。同时，右脚离地准备向右斜前方上步；右脚成右弓步。同时，左手向左后下方抡棍，右手经身前向头上方提起、翻腕，使棍沿着身体左侧向前撩出。目视前方。

图 6－114

图 6－115

（三）虚步上拨棍（Empty Stance Upper Brushing）（图 6－116、图 6－117）

要点：左手使棍梢由前下方向左上方摆起，在头上绕半团。右手由屈到伸向前推棍把，左手继续向身体右后侧绕行；两臂左上右下在胸前交叉。左脚成右虚步。同时，左臂伸直向前平摆，身体随即左转，使棍梢由右后向前划半个圆，再向左上方拨动。此时,右手置于左腋下,棍梢高与头齐平。

图 6 – 116

图 6 – 117

(四)虚步把拨棍(Empty Stance Brushing with Cudgel End)(图 6 – 118、图 6 – 119)

要点:左手握棍由左前侧向右、向后、向左、向前绕行一圈,右手握棍把由左腋下向前、向上,经头部右上方绕行,使棍身在头上平转一圈,同时右脚向右侧斜前方跨半步,左脚向前上一步,脚尖点地,成虚步。同时右手由头部右侧向后、向左,再向身体右前侧绕行,臂部伸直斜上举,左手顺势绕至右腋下,使棍把由身后向身体右前上方划半圆拨击。目视棍把。

图 6 – 118

图 6 – 119

(五)插步抡劈棍(Cross Step Windmill)(图 6 – 120 至图 6 – 122)

要点:右手向下,经左腿外侧向左肩上方绕行,上体左转,使棍把由前上方向下,再向上摆起;两腿成交叉步。右脚向身体右侧跨一步,成为右虚步;同时,右手握棍向前抡劈,左手使棍把由后向前劈下。右脚稍前移,继而左脚从身后向右侧插一步,成交叉步;同时,左手握棍向身前抡动,右手握棍向下、向左腋下绕行,使棍身在胸前转半个立圆,棍梢用力向身体右下方抡劈。目视棍梢。

图 6－120

图 6－121

图 6－122

（六）翻身抡劈棍（Turning Body Windmill）（图 6－123、图 6－124）

要点：以两脚为轴，上体向左后翻转，两腿屈膝半蹲成半马步。同时，左手捏棍下压，继而向左、向上、随翻身动作向左侧前方下劈；右手握棍把顺势置于右腹前。目视左前方。

图 6－123

图 6－124

（七）马步平抡棍（Horse Stance Horizontal Sweep）（图 6－125 至图 6－127）

要点：右手握住棍把上举，使棍身经过头上向后下落，背于后肩上。随即左臂伸直，左手撒开；右手握住棍把用力向身前抡动，使棍梢平抡一周。同时，身体顺平抡棍之势，以左脚为轴从左向后转，右脚向转体前的身体左侧上一步，随即两腿半蹲成马步。目视右前方。

图 6－125

图 6－126

图 6 - 127

图 6 - 128

（八）跳步半抡劈棍（Jump Half Sweep and Downward Strike）（图 6 - 128）

要点：两脚同时蹬地跳起，身体从右向后转，随即两脚同时落地成马步。两脚起跳时，左手上滑握于棍的中段。棍梢沿着身体向前下方平抡半圆；在两脚落地成马步时，两手向右前斜下猛劈；左手要随即向前松握棍把，右手握住棍把撤至右腰前。目视棍梢。

三、第二段

（一）单手抡劈棍（Single - hand Swing and Downward Strike）（图 6 - 129 至图 6 - 131）

要点：右脚略向左移，上体随即右转，成右虚步。同时，左手撤开，向左侧上举成横掌；右手握棍把上举，继而臂外旋向右侧伸直，使棍梢划孤绕行。右手继续向下、向后、再向前上方抡动，使棍梢经右腿外侧向后上方绕行。右手向右侧翻腕，并屈肘收至右腹前，使棍梢绕行；左手随即握住棍的中段，两手用力向身体左前侧劈棍。右脚向后退一步，上体向右后转 180°，两腿半蹲成半马步。目视棍梢。

图 6 - 129

图 6－130

图 6－131

（二）提膝抡劈棍（Raise Knee and Strike Downward With Cudgel End）（图 6－132、图 6－133）

要点：身体重心后移至右腿上，左脚稍内收。同时，右手握棍把向右上方提起，左手略向棍梢一端滑握。左腿屈膝提起，成右独立式。右手用力向前下压；左手收至右腋下，上体随即左转，使棍把向前劈打。目向前平视。

图 6－132

图 6－133

（三）弓步抡劈棍（Bow Stance Windmill and Downward Strike）（图 6－134 至图 6－138）

要点：左脚向前下落，上体左转，成交叉步。同时，右手握棍向下、向腹前绕行。右脚向身体右侧跨一步，成右虚步。同时，棍把继续向上、向前抡劈，左手顺势撇至左腰侧。右脚再向前上半步成右弓步。同时，左手稍向棍身中段移握，并向后、向上、向前绕行；右手顺势收于左腋下，使棍梢由后向上、向前劈打。右脚尖外撇，左脚跟外转，上体右转。与此同时，左手握棍向下，经腹前向身体右侧绕行，使棍梢向下、经右腿外侧轮绕。目视棍梢。

图 6－134

图 6－135

图 6－136

图 6－137

图 6－138

（四）弓步背棍（Bow Stance Shouldering Cudgel）（图 6－139 至图 6－146）

要点：左脚向前上步，成左弓步。同时，左手继续向上、向前绕行，右手顺势拉至腹前，使棍继续向上、向前抡绕。左手继续向下、向腹前绕行，右手向后上方举起，使棍把向后上方抡起。右手持棍继续向前、向后下方抡绕，左手顺势将棍托至右腋下，然后撒开，由右手单手握棍抡绕至棍身斜背于左肩背后。左手再由右胸前向前撩起成立掌，两腿叉开站立。右手握棍向下、向左、向上绕行，使棍把由后下方绕至头部的前上方，左手在右胸前接握棍的中段。

图 6－139

图 6－140

图 6－141

图 6－142

图 6－143

图 6－144

图 6－145

图 6－146

（五）挑把棍（Cudgel End Upper Cut）（图 6－147、图 6－148）

要点：右脚向身体左侧上一大步，屈膝，左腿挺膝挺直，成右弓步。同时，右手继续向后下绕行，左手握棍屈肘于左肩前，使棍把由上向后下抡绕。上体左转，同时右手由后下向前绕行，左手顺势收回左腰胯前，使棍把向前上方挑起。

图 6－147

图 6－148

（六）转身弓步戳棍（Turn and Bow Stance Thrust with Cudgel End）（图 6－149

至图 6 – 152)

要点:右脚尖里扣,左腿屈膝提起,成右独立式。同时,上体稍左转,右臂在右肩外侧平屈;左手稍向棍身中段滑握,然后臂伸直贴在左腿内侧。右脚尖里扣180°,上体从左向后转;左脚立即向身体左侧迈步,右腿挺膝蹬直,成左弓步。与此同时,两手握棍使棍相向左侧平戳,左手松握后滑,与右手靠近。

图 6 – 149

图 6 – 150

图 6 – 151

图 6 – 152

(七)踢腿撩棍(Kick and Upward Parry)(图 6 – 153、图 6 – 154)

要点:右脚稍向前移,身体重心随即移至右腿上,上体右转。在转身的同时,两手握棍向上、向右侧体前抡劈。两手控棍,使棍梢继续向下缭绕,上体随即再向后转,右腿顺着撩棍的方向,向右侧踢起,棍继续向身体左侧上撩。此时,两手握棍置于胸腹前。

图 6－153

图 6－154

（八）弓步拉棍（Bow Stance Withdraw）（图 6－155、图 6－156）

要点：左脚尖稍外撇，上体左转，右腿屈膝准备下落于身体右侧。同时，左手上滑握于棍身中段，直臂向右上方举起，使棍梢向右上方抡绕。右脚在身体右侧落步，屈膝，左腿挺膝蹬直，成右弓步。同时，右手向右肩前拉带并内旋，左臂也直臂下压内旋；棍梢位于膝下与踝上之间。

图 6－155

图 6－156

四、第三段

（一）提膝拦棍（Raise Knee Block）（图 6－157 至图 6－159）

要点：左脚向身体右侧跨一大步，屈膝，上体随即从右向后转，成左弓步。同时，左手握棍随着上步转体动作向身体左侧推出，右手顺势提至头上。左脚尖里扣，右脚略收回，并以脚尖点地，上体右转，成右虚步；同时，左手握棍上举于左后侧，右手顺势向胸前下拉，臂弯曲，棍身斜举于胸前，棍梢指向身体左上方。右腿屈膝提起，同时，右手握住棍把向前推拦，上体前倾，棍身斜架于身前。目视棍把。

图 6 - 157

图 6 - 158

图 6 - 159

(二)插步抡把劈棍 (Cross - step Windmill Cudgel End and Strike Downward)(图 6 - 160 至图 6 - 163)

要点:右脚向前落步,上体稍右转;同时,左手握棍向前下压,右臂顺势屈收至左腋下。左手经右腿外侧向右绕行,上体随即右转,两腿左右交叉。左脚向身体左侧横跨一步,两腿屈膝半蹲成半马步。同时,左手继续向右、向上、向左绕行;右手顺势撤至右腰侧,使棍梢向上、向左划弧平劈。右脚向左腿后面插上一步,两腿成左右交叉;同时,右手向右、向上、向左绕行,左手经腹前向左腋下绕行,使棍身在体前垂直翻转半周,棍把向左。

图 6 - 160

图 6 - 161

图 6 - 162

图 6 - 163

（三）马步抡劈棍（Horse Stance Windmill and Downward Strike）（图6－164、图6－165）

要点：以两脚掌为轴，上体向右翻转180°；同时右手握棍向下、向左、向右肩外侧绕行，屈前臂，左手则顺势直臂斜伸左下侧。左脚向身体右侧跨一大步，上体随即从右向后转，两腿屈膝半蹲，成马步。同时，左手握棍向上，并随着转体动作向身体右侧抡劈棍，臂伸直，用力前推下压；右手顺势撤至右腰前，使棍的上段向前平劈。

图6－164

图6－165

（四）翻身马步抡劈棍（Turning Body and Horse Stance Windmill）（图6－166至图6－168）

要点：右腿屈膝提起，左腿直立，上体随即右转，并稍向左侧倾斜。同时，右手握住棍把向右胸前提起，屈肘；左臂伸直，左脚用力蹬地跳起，身体腾空。起跳的同时，上体开始向右翻转，棍梢从左下方随转体动作向上抡绕。在腾空的最高点，身体从原来的位置转动180°；两腿屈膝提起，左手握棍上举，右臂屈肘于胸前。在空中，身体继续从右向后转180°；随即右脚先落地，左脚相继落地，两腿屈膝半蹲成马步。同时，左手握棍从上向身体左侧平劈，臂伸直，右手顺势撤至右腹前。

图6－166

图6－167

图 1－168

（五）上步右撩棍（Forward Step and Right Upward Parry）（图 6－169、图 6－170）

要点：两腿直立，左脚稍回收。左手向棍把一端下滑并迅速握于棍把一侧。两手一齐向上，向右绕行，同时上体右转，使棍梢向上、向转体前的右侧方抡动，划半个立圆，双手握棍举于胸前。上体迅速从左向后转，两手握棍继而向下、向后上方抡动并停在脸前。同时右脚跟上一步，使棍梢向前撩出，划半个立圆。此时，左腿稍微半蹲略成右虚步，两手屈臂举于脸前。

图 6－169

图 6－170

（六）上步左撩棍（Forward Step and Left Upward Parry）（图 6－171、图 6－172）

要点：与“上步右撩棍”相同，但左右方向相反。

图 6－171

图 6－172

（七）转身仆步摔棍（Turning Body and Crouch Stance Slapping Smash）（图 6－173 至图 6－176）

要点：两手握棍继续向上、向身后抡出；同时左脚掌里扣，右脚跟辗转，两腿逐渐伸直，上体随即右转。左腿屈膝在身前提起；同时，两手稍上提，左臂内旋，右臂外旋，右手稍放松，使棍梢由前向下抡绕。两手继续使棍沿身体右侧向后、向上、向前、向下抡劈；同时，左脚向身后稍稍落步并随劈棍动作向前跨步全蹲，左腿伸直平铺，上体稍右转，成左仆步。此时，左臂斜前伸直，右臂屈肘于胸前正下方，棍梢前半段摔地，上体稍前倾。

图 6－173

图 6－174

图 6－175

图 6－176

（八）弓步崩棍（Bow Stance Tilt）（图 6－177、图 6－178）

要点：右腿挺膝蹬直，左腿屈膝半蹲，成左弓步。同时，左手略向右手前滑握，棍顺势前送，两臂自然伸直，右手猛力向下压，使棍梢从下向上崩挑。

图 6－177

图 6－178

五、第四段

（一）马步把劈棍（Horse Stance and Cudgel End Downward Strike）（图 6－179、图 6－180）

要点：左脚随即稍回收，上体右转，两腿半蹲成半马步。同时，右手握住棍把向身体右上方提抽，左手顺势向棍梢一端滑握。右脚向左脚前跨一大步，两脚半蹲成马步。同时，右手随着转体动作从右肩前上方一面滑握于棍身中段，一面向前、向右作抡劈动作；左手迅速换握并顺势撤至左腰侧，使棍把向上、向身体右侧抡劈。目视棍把。

图 6－179

图 6－180

（二）坐盘半抡劈棍（Cross－legged Stance Half Windmill and Downward Strike）（图 6－181）

要点：以右脚跟和左脚掌为轴，上体右转，两腿屈膝全蹲。与此同时，右手滑握至棍把，左手滑握至棍身中段，使棍梢随转体动作向上、向身前平劈。此时，左臂向前伸平；右手握棍于腹前，棍梢与肩同高。

图 6 - 181

(三)左平舞花棍(Left Horizontal Swing)(图 6 - 182 至图 6 - 184)

要点:两腿立起,随即左脚向前上一步,同时两手将棍向上平举,左手换握。左脚蹬地跳起,右脚向身前跨跳一步,身体随即向左后转,左脚在身后悬空。同时,右手向前、向左、向后、向右,再经脸前向左腋下绕行,左手经脸前向右、向前平绕,使棍身随着转体动作在头上平转一周半。左脚在身后退一大步,上体随即向左后转,成左弓步。同时,棍梢随转体动作继续平绕半周,向身体的左上方拔出。

图 6 - 182

图 6 - 183

图 6 - 184

（四）右平舞花棍（Right Horizontal Swing）（图 6－185 至图 6－188）

要点：同“左平舞花棍”，方向与之相反。

图 6－185

图 6－186

图 6－187

图 6－188

（五）插步下点棍（Back Cross－Step Downward Point）（图 6－189）

要点：右腿略伸直，右脚前脚掌擦地回收半步，上体随即左转；左脚速向左侧插步，成交叉步。同时，右臂内旋，右手向下、向左、向上、向右、再向左下方绕行；左手则从右肋处起也顺着右手的绕行线向腹前绕压，使棍稍由右胯侧向上，并随转体动作向右、向下、向左再向上、向右下抡绕点地。当左手从右肋处绕至身体左侧时，应迅速翻掌握棍，并向右手附近滑握。

图 6－189

图 6－190

（六）弓步下点棍（Bow Stance Downward Point）（图 6－190）

要点：上体左转，右脚向后退一大步，左腿半蹲，右腿蹬直，成左弓步。同时，两手在腹前转腕，即左手向左前使棍梢由身后向上、向前抡圆点地。

（七）插步下戳棍（Back Cross－Step End Downward Thrust）（图 6－191）

要点：身体重心后移，上体右转，左脚随即从身后向右侧插一步，成交叉步。与此同时，左手先上抬并向棍梢一端滑握，右手随即从把端略向中段滑握，使棍把由腹前向转体后的身体右下方戳击。

图 6－191

图 6－192

图 6－193

（八）提膝拦棍（Raise Knee Block）（图 6－192、图 6－193）

要点：右脚向右侧退一步，上体随即左转；同时左手向左肩外侧提带，右手则经过腹前向前面推出。上体稍右转，左腿屈膝提起，成右独立式；同时，右手向右后上方举起，左手则向身体左侧平伸推出，使棍身中段向左上方架拦，棍梢指向左斜下方。

六、还原势（Finishing Movement）

还原式如图 6－194、图 6－195 所示。

要点:右手从上屈肘向身体右侧下落,臂伸直;左手顺势向上,向右肩上方成直拳,而后屈臂,使棍把由右上方下降至右腿外侧。左脚自然下落,与右脚并步站立;同时,右手上滑握于棍身中段,左手撒开垂于身体左侧,棍把在右脚外侧着地。目视正前方。

图 6－194

图 6－195

第七章

武术套路运动综合知识

本章从健身、技击、观赏、教育、经济价值方面阐述武术套路运动的价值,同时对国内的著名武术家、武术运动员作了介绍,这能提高青少年认识、学习、观赏武术的兴趣。本章也对如何欣赏武术套路运动进行了简单介绍。

第一节　武术套路的运动价值

一、武术套路运动的健身价值

图 7－1

图 7－2

武术套路运动的健身价值是通过人的身体运动实现的。练习者只要进行适度的身体运动就能够增进健康,即使是在以武术套路作为技击手段的古代,人们也没有忽略它的健身价值。中国人历来重视运动,重视生命,注重养生之道,所以武术套路在发展的过程中必然和中国养生导引之术相互影响、相互渗透,增强了武术的健身价值。如太极拳,以其独特的运动方式受到海内外人群的青睐,它松静自然,强调气沉丹田,保持中等强度的运动,不仅对心血管、呼吸系统有良好的影响,而且有利于调节神经系统、陶冶性情、缓解压力等,在当代社会有更重要的意义。

二、武术套路运动的技击价值

图7－3

图7－4

在以冷兵器为主要兵器的时代，武术套路运动的技击价值是非常突出的，上至通过军队活动而体现的关系到社稷安危的国家大事，下至黎民百姓为小团体或个人利益而进行的格斗，都离不开武术。《孙子兵法》说"兵者，国之大事"，武术技击的价值对国家间的对抗自不待言；就民间团体或个人之间的争斗而言，尽管常常是为了团体或个人的私利，没有明确的政治目的，但格斗的技术仍然受到普遍的重视，所以武术套路运动的技击价值在古代就显得尤为重要。因此，武术对国家安危乃至个人自卫来说，都是极其重要的手段。

到了现代，武术套路运动的技击价值虽然不如古代那样突出，但在战争中仍不可避免会有近距离搏斗的可能。即使在人们的日常生活中，也常有在善恶斗争时运用格斗技术的情况，如在制止犯罪、保护国家和人民生命财产安全，或自卫、防止坏人侵害。善良的人们在掌握了一些武技后，往往会有一些特殊的安全感。所以，武术套路运动仍然有它不可忽视的技击价值。

三、武术套路运动的观赏价值

图7－5

图7－6

武术套路可供观赏,以丰富人们的文化生活。体育是一种人的身体活动,所有的体育活动都有运动员表演和观众观赏这样一个互动的过程。武术套路运动既是一种人的身体活动,有人体运动的一般审美价值,又是一种武技,能表现人在攻防技击时的技巧和能力,所以又具有一种技击性的神秘色彩和审美价值。同时它既有单练又有对练,既有套路练习又有对抗性练习,可以满足人们的不同欣赏需要。并且在其表演的过程中得到了加工、改造、提高,因而它又具有一定的艺术性。所以武术套路运动有其特殊的观赏价值。又因为武术在中国有广泛的群众基础,所以在民间各种喜庆集会活动中常有武术套路表演,这就使武术套路运动对丰富人民的文化生活具有更重要的作用。

四、武术套路运动的教育价值

图 7-7

图 7-8

新中国成立以来,武术套路运动在学校教育中的地位一步步提高。多年来,武术教材始终是各级学校体育课的必修内容之一,在开展校园体育活动、丰富学校生活、增强学生体质方面都起到了重要作用。特别是武术作为一种民族的传统体育活动,在举国上下为振兴中华而努力奋斗的背景下,对提高民族自信心有着重要的作用。武术套路运动是一种武技,学习武术套路对人还有一种武德的教育作用。武德可以理解为掌握武技的人所应具备的道德。在学习武术套路时注重武德,对增强人的社会责任感、提高自我修养、维护社会正常秩序起到积极的作用。

五、武术的经济价值

图 7－9

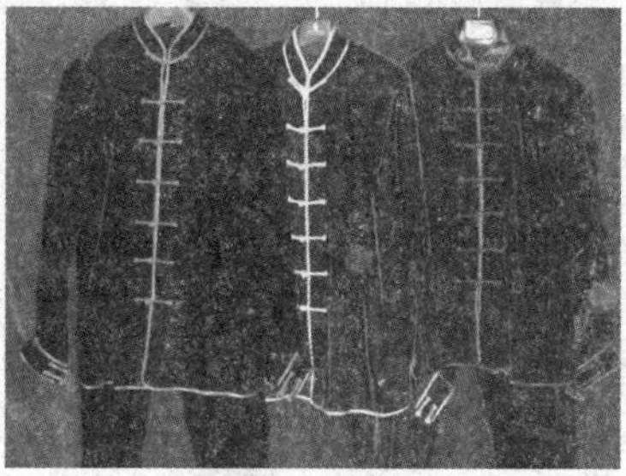

图 7－10

武术是一种精神产品，是一种社会享受的消费品，它和其他体育项目一样，以劳务的形式为社会服务。在人的社会生活中，物质产品是不能缺少的，同样精神消费也是不可缺少的。特别是随着人们物质生活水平的提高，对精神产品的需求也随之提高，对体育的需要也相应增加，武术作为一种精神产品也越来越体现出它的经济价值。

各种武术活动中，包括各种表演、比赛、训练，以及教师上课、爱好者之间的传播等，武术都是以精神产品为社会提供服务的。人们需要学武术、练武术、了解武术、观赏武术表演和比赛，这都是对武术这种精神产品需求的表现。随着国际体育交往的增多，武术正在拥有越来越多的外国武术爱好者，这也表明了国际上对武术这种精神产品的需求。当武术以精神产品提供给社会的时候，提供这种精神产品的人也就为社会提供了劳务。这种劳务具有价值，可以进行交换，这种交换就为社会创造了财富。

第二节　武术名家简介

一、著名武术家

（一）王子平

图 7－11

图 7－12

王子平（1881—1973），字永安，回族，沧州市义和街人，绰号“千斤王”，是饮誉中外的著名武术大家。他的技艺长于少林、查拳、八极派武术，对于太极、形意、八卦、劈挂、洪、炮、花、华诸门拳技也无不精晓。王子平不但练功用心、刻苦，而且十分注意虚心向各派名家学习。他不辞山高水远，到处登门求教，博取众家之长。对别人的技艺，哪怕是点滴所长，他也不肯放过。有时人家不肯传授，他就以祖传技艺作为交换条件。长年累月的练功、学习，使他这块“挨打的木头”成了名冠武林的“千斤王”。

他时刻不忘“匡扶正义、振兴中华”的大义，早年在山东，他就打败过闻名世界的意大利斗士马志尼以及英、美、日、德拳击家多人。这些爱国事迹和丰功伟烈一直为世界人民和中国民众所称颂。其中，尤以他为中国人争气，击败号称“世界拳王”的俄国大力士康泰尔，为世人所叹服。影片《武林志》中，东方旭击败俄国大力士达德洛夫这一情节，就是以他青年时代的真人真事为原形改编的。

（二）温敬铭

图 7－13

图 7－14

温敬铭（1905—1985），河北蠡县人。7 岁即习武。精于翻子拳、绵拳、大枪、剑术。1929 年考入北平宪兵司令部任武术教官。1930 年调任山西太原军官教导团武术教练。同年在其师罗大枪资助下，参加南京中央第二届国术大考，取得短兵器（刀、枪）第二名。同时，师徒两人受聘入中央国术馆。1936 年，与张文广被选派为参加德国柏林第十一届奥林匹克运动会的观摩代表。经多次要求，他们两人终于在大会上表演了中国武术；后又在柏林及其他城市表演多次，由此名声大震。当时在德国进行考察的郭沫若、冯玉祥、李烈钧等也观看了表演，李烈钧还对其赋诗赞赏。

新中国成立后，1955 年起任武汉体育学校教授，1979 年获国家级裁判称号，同年当选为中国武术协会副主席。著有《短兵术》《中国式摔跤》《铸手翻子》等。1985 年 6 月八十寿辰时，湖北省人民政府赠其“一代武宗”金字大匾一方。

（三）张文广

图 7－15

图 7－16

张文广（1915—2010）河南省通许县人。当代武术教育家，著名武术教授，当代“武林三泰斗”之一。10 岁开始学习武术，19 岁入选中国武术队，投身中国武术界八十余年。先后师从查拳名家张凤岭、常振芳老师学习、钻研查拳。1933 年考入南京中央国术馆，全面系统地学习少林拳、太极拳、八卦拳、形意拳、八级拳等多种流派的拳种。1935 年被选入中央国术馆武术队。1936 年 6 月，与温敬铭一起被选派为参加德国柏林第十一届奥林匹克运动会的观摩代表，远赴德国柏林、法兰克福和汉堡等地表演。他的查拳、梅花刀、锁口枪刚健潇洒，动迅静定，令人叹服，第一次成功地在国际体育舞台上宣传了中华武术。

从 1936 年起，张文广走进校园，在各类学校教授武术，广泛地进行着国际武术学术交流和传播工作。1962 年，张文广负责编写的武术教材，长达 90 多万字；1978 年又负责修改了全国体育院、系武术教材，长达 80 多万字；1980 年还担任了《大百科全书·体育卷·武术与民间体育学》科组主编，还利用业余时间先后编写了《扔沙袋》《青年拳》《散手拳法》《中国查拳》《查拳综合套路》《中国查拳典型器械套路》《中国式摔跤》《广播太极拳》《女子防身术》《散手拳法》《弹腿》等书。投身中国武术 80 多年来，他为研究、整理和发展武术事业做出了不可磨灭的贡献。鉴于张文广对武术发展的杰出贡献，国家体育总局颁发给他“新中国体育开拓者”荣誉奖。

（四）李天骥

图 7－17

图 7－18

李天骥（1914—1996），河北省安新县圈头村人，著名的武术家，一代名师。6 岁起随父亲李玉琳习武，曾受教于孙禄堂、李景林、郝恩光等武术大师。精通太极、形意、八卦、武当剑等，是一位能练、能打、能推、能摔、能器械格斗的全面的大武术家。毕业于山东省国术馆。24 岁任山东陵县武术馆馆长。新中国成立前在山东、东北等地从事武术教学。新中国成立后，先后任哈尔滨工业大学讲师、东北区武术队总教练、国家武术队总教练。后调入国家体委武术研究室、武术处，专职武术研究和组织工作。1964 年当选中国武术协会副秘书长。1979 年获国家级武术裁判称号。1980 年当选为中国体育科学学会理事。1985 年被授予新中国体育开拓者荣誉奖。1988 年在中国国际武术节上获武术贡献奖。

1959 年至 1961 年，李天骥参加《甲组武术套路》《武术规则》及《全国体育院校武术教材》的编写。1980 年后除参加撰写《中国大百科全书》体育卷目外，还主编了《形意拳术》《武当剑术》《武当绝技》《中华瑰宝武术》（英文版）等书，约 150 万字。他先后多次赴日本、新加坡讲学，学生遍及海内外，被日本朋友誉为中国太极之最、日本太极之父。

（五）蔡龙云

图 7－19

图 7－20

蔡龙云（1928—2015），武术家，山东济宁人。当代“武林三泰斗”之一。4 岁时便跟随着父亲蔡桂勤习武，受着严格的家教和训练。9 岁时，他的拳术已相当精熟，迎面三脚、八步连环、罗汉十八手、少林疯魔棍等难度较大的功夫，他都练得得心应手。以后，他到上海广拜名师，又学会了少林、形意、八卦各种套路，当然最拿手的还是祖传的华拳（唐代流传下来的古老拳种）。1943 年 12 月，他随白玉山、孙宝锐、何金章、潘梓明、张玉峰、丁虎生、蔡中明一起在上海迎击西洋拳击界的挑衅，他击败了西洋拳击界名手，年约 30 岁、体格魁梧的俄籍拳师马索洛夫。在这 8 名选手中，蔡龙云年龄最小，当时刚年满 15 周岁，还在初中读书。1946 年，功夫日益精进的蔡龙云，又一次打败当时的重量级拳击冠军、人高马大的美国黑人鲁塞尔，威震十里洋场。

新中国成立后，历任上海武术界联谊会常务执行委员，中央体育学院竞技指导科武术队政治辅导员，上海体育学院武术教研室主任、副教授，中国武术协会副主席，国家级武术裁判员。1981 年加入中国共产党。擅长华拳、少林拳、太极拳和形意拳。

1953 年，他作为华东区的代表参加了全国民族形式体育运动会，以“华拳”“峨眉刀”“华拳对打”获得金质奖章。1954 年他又首批进入国家武术队，后担任国家武术队队长。自 1957 年至 1960 年，他在国家体委同其他同志们一起起草了第一个《武术竞赛规则》，进行初级刀枪剑棍拳书籍的编写，并对广州、浙江、少林寺、武汉等地的武术进行了考察。他多年从事武术教学、科研和管理，卓有建树。这些年来，在全国的历次武术比赛和表演赛中，屡任全国及国际武术比赛裁判长、总裁判长。

（六）沙国政

图 7－21

图 7－22

沙国政（1904—1993），武术家，高级武术教练，骨伤科专家，山东省荣成市人。7 岁起习武，先后从师姜华亭、刘光兴、翟树珍、王者政等，精研太极、八卦、形意、通背诸门拳械；后从姜容樵继续深造。20 岁始教授武术。1930 年随师王者政到朝鲜仁川传播中国武术。1946 年在中央国术馆芜湖分馆任教练。1948 年在贵阳青年会太极班任教练。1949 年后在昆明教授武术。1958 年后一直在云南省武术队任教练。自 1959 年起，在全国武术（包括散手擂台）比赛中历任裁判员、裁判长、评审委员、仲裁委员。

沙国政武学知识广博、见闻颇丰，被誉为武术“活字典”。从事武术运动 80 多年来，他师承传统，博采众长，执着追求武学真谛，系统整理创编“沙氏太极剑”廿四式、三十六式、六十四式，以及“太极拳对练”“形意大连环”“形意散手炮对练”“八卦连环掌”“八卦狮形掌”“八卦掌对练”“八卦子午鸳鸯钺”“子午鸳鸯钺对剑”“通背七十二拳”“通背六路总手”“通背对练”等套路，蜚声海内外。还编著了《健身益气法》《形意鸡形拳》《武当八仙剑》等，其中有的被译成英、日文在国外发行。曾随中国武术代表团 3 次出访日本进行技艺交流与讲学，两次应邀参加新加坡国际性武术盛会。在国内经常接待国外武术团队来访，培养和指导过来自美国、英国、法国、澳大利亚、新加坡、日本等国家和地区的武术爱好者数十人，为把中华武术推向世界做出了贡献。

自古武术与伤科密不可分，沙国政不仅武学精湛，而且医术高超。几十年间，他一面传拳授艺，一面免费为很多骨伤科病人治疗。

（七）李小龙

图 7－23

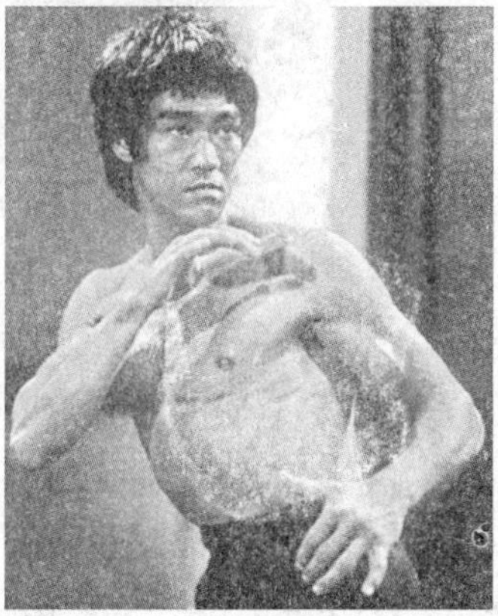

图 7－24

李小龙（1940—1973），一代武术宗师、武术技击家、武术哲学家、功夫影帝、功夫电影的开创者、武道哲学的创立者、截拳道的创始人。他是将中国功夫传播到全世界的第一人，是打入好莱坞的首位华人。他革命性地推动了世界武术和功夫电影的发展，将“ Kung Fu”（功夫）一词写入了英语词典。

1940 年 11 月，李小龙在美国三藩市诞生。幼时身体瘦弱，为使身体强壮，7 岁时便开始练习太极拳。13 岁，李小龙开始跟随名师叶问学习咏春拳。他先后练习过洪拳、白鹤拳、谭腿、少林拳、戳脚等拳种，为后来自创截拳道打下了坚实的基础。他是一位勤奋的探索者，广学博采，不受一家一派的限制。李小龙经过精益求精的潜修苦练，使功夫逐渐娴熟乃至达到更高的境界，其中的“李三脚”“寸拳”和“勾漏手”更是他的绝招。李小龙是个多面手，除了精通各种拳术外，还擅长长棍、短棍和双节棍等各种器械，并研习气功和硬功。20 世纪 70 年代初，一股中国功夫影片的狂潮席卷着世界。李小龙这个响亮的名字震撼全球。

李小龙掀起的世界性的中国功夫热，堪称 20 世纪的文化奇观。他强烈的民族自尊心和百折不挠的精神令世人叹服，被誉为中国功夫第一名人。他作为唯一入选的华人被美国《时代》杂志评为“20 世纪的英雄与偶像”。

二、知名武术运动员

（一）于海

图 7－25

图 7－26

于海，1942 年生，山东烟台人。1954 年拜七星螳螂拳大师林景山先生为师，学习正宗的螳螂拳。1958 年在参加全国、省、市三级武术比赛时连闯三关，以优异的成绩被山东省体育运动技术学院招收，成为国家正式的武术运动员，从此开始了他光辉的武术生涯。1960 年随中国武术代表团出访了捷克斯洛伐克、苏联、缅甸。1964 年后又多次任中国武术代表团教练和队长，出访过美国、法国、土耳其、摩洛哥、突尼斯、埃及、阿尔及利亚、坦桑尼亚、索马里等 30 多个国家。所到之处，他受到了英雄般的欢迎，为中国人民同世界各国人民的相互了解，增进友谊做出了应有的贡献。自 1980 年参加拍摄了轰动全球的武打影片《少林寺》开始，他陆续参加拍摄了《少林小子》《南北少林》《通天长老》《长城大决战》《新少林寺》《太极宗师》等近 20 部电影和电视剧，并担任重要演员和武打设计。通过影视作品的表现形式，使中华武术真正被世界文化所认同，成为全人类的宝贵财富，为弘扬国粹做出了贡献。1998 年在北京的中国武协四十年大庆上被授予“中国武术明星”荣誉称号。

于海为武术事业拼搏近 50 年来，一直都活跃在武术教育第一线，从事着武术教学、研究及挖掘整理流失已久的武术遗产等各项具体工作，苦心研磨各武术门派的精髓，并不断推陈出新，达到了登峰造极的境界。特别是对中国的传统拳术，研究和演练已达到无人能及的水平，被誉为“武学字典”。

（二）邱建国

图 7－27

图 7－28

邱建国，1957 年生，广东广宁人，是活跃于 20 世纪 70 年代和 80 年代的武术界优秀运动员。1973 年被选入广东省武术集训队。他擅长南拳和钢叉。他的南拳吸取了广东各家之长，融会贯通，自成一格，动作刚劲有力，沉着稳健，在历年全国武术比赛中均获得优异成绩，1974 年、1975 年、1977 年均获全国南拳冠军，1978 年获南拳、对练冠军，1979 年获亚军，1980 年获南拳冠军，1981 年获南拳、对练冠军，以及钢叉、对练第五名。1983 年他参加了故事片《南拳王》的拍摄，担任主角。1976 年起，曾先后出访越南、加纳、赤道几内亚、尼日利亚、日本、澳大利亚等国。

（三）赵长军

图 7－29

图 7－30

赵长军，1960 生，陕西西安人，有“武坛王子”之称。6 岁习武，10 岁进入陕西省武术队开始接受系统的专业训练。1974 年首次随中国少年武术团访问日本，他的出色表现受到了国家体委的嘉奖，被称为“少年武术外交家”。从 1978 年到

1987年，赵长军凭着过硬的武功和超人的毅力，10次荣获国际、国内武术比赛“个人全能冠军”，夺得金牌54枚，成为中国武坛迄今为止唯一的一位“十连冠”和“金牌大户”。由他演练的“地趟拳”“追风刀”和“疯魔棍”，以其独有的风格被人们誉为“赵氏三绝”。从1980年起，他还成功地主演了《武当》《神州第一刀》《海灯传奇》等数十部（武打）影视（剧）片，并兼任武术指导。他先后以武术专家身份出国访问、考察、讲学、传播中华武术技艺，足迹遍及五大洲30多个国家和地区，为中华武术步入世界体育之林做出了卓越贡献。

（四）李连杰

图7－31

图7－32

李连杰，1963年生，北京人。当代十大武星之一，国家武英级人物，20世纪70年代武术界的常胜将军。1971年经吴彬教练挑选进北京业余体校，开始了武术生涯。11岁时，李连杰获得第一个武术比赛冠军，此后连续五年获全能冠军，共夺得大小冠军50余次，其获奖记录创造了中国近现代武术界的奇迹。他多次代表国家出访巡演，代表中国武术队走访了40多个国家。

20世纪70年代末从影，通过电影传扬中华武术。1980年，主演的处女作《少林寺》轰动全球，并引发继李小龙之后第二次全球武术热潮，他本人也被世人瞩目成为国际巨星。从影20余年，李连杰已拍摄32部经典功夫作品。1979年被北京体委授予特等功。1995年被评为中国当代“十大武星”之一 。2007年出席第九届国际武术锦标赛，并出任“国际武术联合会”和“中国武术协会”形象大使。2009年3月，李连杰荣获“2008年影响世界华人大奖”；4月，被世界卫生组织任命为亲善大使；因其在汶川大地震上的贡献，获选为美国《读者文摘》评选的2009年“亚洲英雄”。

（五）戈春艳

图 7－33

图 7－34

戈春艳，1959 年生，北京人。“武英级”运动员。八卦掌第五代门人，陈式太极拳第十九代传人，混元太极拳第二代传人。1974 年进入北京武术队，与李连杰同为第一批北京武术队运动员，并历任前北京武术队教练、女队队长。擅长八卦掌和太极拳，曾受教于雷慕尼、冯志强等名家。获 1984 年全国武术比赛太极拳及女子个人全能金牌（该年度比赛戈春艳共获 5 项冠军）。此后多次获八卦掌、太极拳、器械、对练等项目的武术金牌。其武风典雅大方，神形兼备，动静有度，具有强烈的感染力。著有《八卦连环掌》等武术技术著作。随中国武术代表团出访过泰国、埃及、土耳其、摩洛哥、毛里塔尼亚、阿尔及利亚、毛里求斯、美国、英国、爱尔兰、西班牙、澳大利亚、加拿大、法国、菲律宾、新加坡等国家，并先后在菲律宾、新加坡传授中国武术。

1981 年起，先后在《武林志》《大刀王五》《中华武术》等影片中担任女主角，通过电影传扬中华武术。

（六）王二平

图 7－35

图 7－36

王二平，1968 年生，河南省平顶山市人。7 岁开始学武；8 岁进入平顶山市业余体校武术队训练，其间多次获得省武术比赛冠军。13 岁入河南省武术队，先后从师田新德老师和乔熛老师。是中国当代“十大武星”之一，世界太极冠军、中华人民共和国体育运动荣誉奖章获得者。原中国国家武术队主教练，国家高级教练，太极拳名家。曾在国内外各类重大比赛中，获得 42 式太极拳、太极剑、陈式太极拳、陈式太极剑和自选刀术、双刀、棍术、通臂拳、对练、个人全能、集体项目、团体总分等项目的金牌 60 余枚。在河南和广东任教期间，所教的学生也在全国、亚洲和世界大赛中获得 80 余枚金牌。被国际上誉为“太极王子”“太极名师”。

参加了《太极剑国际竞赛套路》的技术录、演示及审编、审定工作，编著出版了中国第一套最全面的音像教材《太极武学》，为太极拳事业的发展做出了卓越贡献。

第三节　武术套路运动欣赏

一、武术套路运动的美学特征

武术套路欣赏是建立在武术美学基础之上的。只有美的东西，才具有观赏的价值和持续的生命力。这正是中华武术源远流长的根本所在。对武术的欣赏，可追溯到汉代以前。在漫长的发展过程中，武术之美，深受中国传统文化、古典美学的熏染，是东方传统文化长期积淀后在审美意识上的一种外在表现。

(一)武术套路的运动美

图 7－37

图 7－38

1. 形式美

套路运动的动作几乎汇集了武术传统技术方法的全部精粹,并加入了许多"花法",以增强其趣味性和演练效果。可以说,在套路中所表现的武术美是最充分、最直接的。不同流派的拳种,对技术动作、内涵、功理、功法的不同诠释,形成了武术形式的多样性。

图 7－39

2. 形体美

不论是什么流派的拳术,对形体都有极其严格的规范要求,动有动法,静有静姿,通过超凡的力量、动作技巧和造型,把运动员矫健优美的体形表现得玲珑剔透,再加上极富神韵的表演风格,将运动员雍容仪态和内在情感展现得淋漓尽致,给人以一种美的享受。

图 7－40

3. 技艺美

技是形，艺是魂。技艺美是通过人体动作的点、线、面的错综复杂的变化、动静结合、时空交叉，以及内外、神形合一等诸多因素，运用各种艺术表现手法，多角度、多层次、全面而充分地展示演练者身体的灵巧、柔韧、协调、准确、反应等时空特征和精神面貌及内在情感，两者互为补充，相得益彰，使技术形式和表达的艺术思想达到完整和谐的统一。因此，外国友人赞赏说："中国武术是不说话的语言"。

（二）武术套路的技击美

图 7－41

图 7－42

在保留原有技击法则和精髓的同时，套路运动刻意从外形上进行创新和修饰，使之更符合现代人的审美情趣和技击要求。民间原有的一些粗野蛮拙、低级趣味的方法受到摒弃和限制，取而代之的是以"巧运心力、招式转化、灵活多变、虚实难料"等来展示技击中的技与力、智与谋。讲究攻中有防，防中有攻，攻防结合，粗犷勇猛而不乏细腻娟秀。武术套路中有的以力取胜，有的以巧为赢，更有险中取胜，无不给人以特殊的美的享受。

（三）武术套路的人文美

图 7－43

图 7－44

武术套路中人文学内涵极为丰富。不同流派的武术，其技艺的表现各有千秋，有的凝重，有的洒脱，有的华丽……人文美是武术文化的基石，是武术文化的外在表现。武术套路中的人文美，其深层次的内在共性是“明德”“悟道”，这是我们追求武术人文美的归宿。

二、武术套路比赛的观赏

人们常说“外行看热闹，内行看门道”，“行家伸伸手，便知有没有”。因此，要想提高自己的观赏水平，就必须要了解武术技术的发展方向，加强对武术竞赛规则和裁判法知识的了解。观看武术套路比赛时，要注意以下几个方面：

（一）动作规格

动作规格是武术比赛评分中分值最高的部分。规格是手型、步型、身型、手法、步法、身法、腿法、跳跃、平衡和各种器械使用方法的统称。不同的拳种和器械对动作的规格有不同的要求，不能串味，更不能混淆，将刀当剑使，或棍当枪用（当然不排除其共用的方法）。它是决定最后得分的基本要素。如果能在观看比赛前，能对各种风格的拳种的规格有所了解，对观看比赛是大有裨益的。

（二）错误和失误

有规范的动作规格是获得高分的前提。在高水平专业性的比赛中，动作规格的差距越来越小，能否取得较好成绩，减少失误，避免错误则是关键。一招不慎，满盘皆输。而作为一般观众，这却是最容易忽视的部分，只凭感觉和印象看热闹。而裁判却是带着挑剔的眼光来审视参赛者的，容不得微小差错，任何错误都是扣分的依据。裁判需要有明察秋毫的能力，而观赏者在欣赏运动员精彩的表演和高超技艺的同时,也应该具备辨别正误、发现好坏等能力,以提高自己对武术的鉴赏能力。

(三)演练水平

演练水平是武术套路运动发展对运动员提出的更高要求。动作规格强调规范,所谓"没有规矩不成方圆",而演练水平则注重建立在规范基础之上的个性特征。其主要内容有功力、演练技巧、编排等。具体要求是劲力顺达、力点准确、手眼身法步协调、动作干净利落、精神饱满、节奏分明、风格突出、内容充实、结构合理、变化多样、布局匀称等。在不违背武术原则的前提下,运动员若能做到求新、求异、求变,更能赢得裁判和观众的赞许。

(四)创新难度

创新难度是在符合武术运动本质属性和运动规律的前提下,需要具备较高的专项素质与专项技能才能完成的高难动作。在评分性比赛项目中,创新难度是最能打动裁判和观众的。在水平相当的比赛情况下,"人无我有,一招取胜"是常有的事。我们在观看时应善于捕捉这些让人心动的要素。高难度动作通常都是翻腾跳跃动作或难度动作的连接。因此,除完成动作之外,动作的完成质量、起跳的高度、动作的速率、力度等是创新难度动作,是运动员成绩获得认同的关键。

第八章
武术套路运动生理卫生与健康常识

本章介绍了武术套路运动过程中常见的运动损伤及常见的运动闭合性软组织损伤的治疗原则和方法，同时就常见损伤的症状表现及诊断作了简单说明，帮助青少年在武术套路练习过程中尽可能防止出现的损伤，以及出现损伤时能及时准确判断、救治。

第一节　常见的运动损伤

一、常见的运动损伤

（一）拉伤

拉伤属于急性闭合性软组织损伤，多发部位为大腿后肌群、内收肌群、坐骨结节。

症状及诊断

1. 肌肉完全断裂

肿胀明显，局部有凹陷畸形，抗阻无力。

2. 肌肉部分断裂

它是指肌肉的一部分纤维断裂。用力时可出现畸形，但仍具有连续性，一般不影响力量。运动时因受到牵扯而产生疼痛。

3. 肌肉拉伤

它是指肌肉内少许纤维断裂，没有畸形；急性期可致疼痛，但不影响力量，肿胀轻微。

（二）扭伤

扭伤属急性闭合性软组织损伤，多发部位为踝关节、膝关节、腰椎间盘移位。

症状及诊断

肿胀、疼痛、关节活动受限，严重时剧痛，出现畸形。

（三）劳损

劳损属于慢性闭合性软组织损伤，多发部位为髌骨、腰肌。

症状及诊断

运动时和运动后疼痛明显，长期不愈。

二、常见的运动闭合性软组织损伤治疗原则和方法

（一）急性损伤

根据损伤的病理发展过程，急性软组织损伤的处理大致可分为早、中、后三个时期。

1. 早期

早期指伤后 24 或 48 小时以内，组织出血和局部出现红肿、痛热、功能障碍等特征的急性炎症期。处理原则主要是制动、防肿、止血、镇痛和减轻炎症。

冷疗法能使血管收缩，减轻局部充血，降低组织温度，抑制神经传导，有止血、退热、镇痛、麻醉和防肿的作用。它是这一时期运用的主要疗法。常用的方法包括冷敷法和蒸发冷冻法，此外，还有加压包扎、抬高伤肢法及药物疗法等。

（1）冷敷法。将毛巾浸透冷水后放在伤部，两分钟左右更换一次。或者将冰块装入热水袋或塑料袋内进行外敷，每次约 20 分钟。

（2）蒸发冷冻法。它是利用容易蒸发的物质接触体表、吸收热能而使局部温度迅速降低的方法，常用的为氯乙烷喷射法。

（3）冷敷、加压包扎、抬高伤肢法。这套方法使用越早越好。加压包扎就是用适当厚度的棉花或海绵放于伤部，然后用绷带稍加压力进行包扎。一般是先冷敷，后加压包扎，也可二者同时并用。抬高伤肢法是一种辅助方法。做法是将受伤肢体抬高，使出血部位高于心脏，从而使出血部位的血压降低，减少出血。适合于小静脉及四肢毛细血管出血。

（4）药物疗法。外敷新伤药常可收到迅速消肿止痛、减轻急性炎症的效果。此外，疼痛较重者可服止痛片，瘀血较重者可服跌打九、七厘散等中成药。

2. 中期

中期指受伤 24 或 48 小时以后。这时出血已经停止，急性炎症逐渐消退，但伤部仍有瘀血和肿胀，肉芽组织形成，并开始吸收，组织正在修复。此期可持续 1 ~ 2 周。处理原则主要是改善伤部的血液和淋巴循环，促进组织的新陈代谢，缓解肌肉痉挛，使瘀血与渗出液迅速吸收，从而达到消肿、散瘀、解痉、镇痛、减少粘连和加速

再生修复,促进损伤愈合的作用。可采用热疗、按摩、药物及传统中医药方法等多种方法交替进行,同时安排小运动量的功能康复练习。常用的热疗法包括热敷法、蒸熏法和红外线疗法。

(1)热敷法。将毛巾浸透热水或热醋后放于伤部,无热感时应立即更换,每次敷30分钟左右,每天1~2次。也可用热水袋进行热敷。

(2)蒸熏法。用配好的药物加水煮沸,将需治疗部位直接在蒸气上熏。每次治疗20~40分钟,每日1次。

(3)红外线疗法。治疗前先把红外线灯预热2~5分钟,然后将灯移至伤部的斜上方或侧方,灯距一般为30~50厘米。受伤部位须裸露,体位要舒适。剂量以伤员有舒适热感、皮肤出现桃红色均匀红斑为合适;若过热应调整灯距,如有汗液应擦去。每日治疗1~2次,每次15~30分钟。

3.后期

后期损伤基本修复,肿胀、压痛等局部征象也已消除,但功能尚未完全恢复,锻炼时仍感疼痛、酸软无力。有些严重病例,由于粘连等因素,出现伤部僵硬、活动受限等情况。此时期的处理原则是增强和恢复肌肉、关节的功能。如有粘连,应设法使之软化、松懈(如加强按摩)。

治疗方法以按摩、理疗、功能锻炼为主,适当配以药物疗法。

按摩对硬结和粘连有较好的效果,治疗时,先用一般手法将伤部按摩热,再用指揉、分筋、理筋等手法对硬结和压痛点进行按摩,最后进行牵引。药物治疗可用旧伤药外敷,或用海桐皮熏洗药熏洗。后者有热疗和药物治疗的双重作用,在损伤后期是一种较好的药物疗法。

(二)慢性损伤

慢性损伤的处理原则主要是改善伤部血液循环,促进组织的新陈代谢,合理安排局部负荷量。治疗方法与上述中、后两期大致相同,但功能锻炼要与医疗紧密结合。在各种疗法中进行按摩和局部注射肾上腺皮质激素类药物的效果较好。

第二节　运动损伤的常见原因与预防

一、对运动损伤知识了解匮乏

运动损伤的发生,与体育教师及学生缺乏必要的预防运动损伤知识有关。由于缺乏基本知识,教师不善于对学生进行安全教育,难以采取各种行之有效的预防措施;在发生损伤后不会分析引起损伤的原因,总结经验教训,致使伤害事故重复发生。

预防运动损伤的发生,必须普及运动损伤知识:通过多种途径宣传运动损伤的知识,使体育教师和学生能掌握必要的运动损伤知识,并在运动损伤发生后能分析损伤的原因,采取预防措施,避免或减少运动损伤的发生。

二、运动前缺乏准备活动或准备活动不正确

运动前做好准备活动,能够使中枢神经系统兴奋,加强对各器官系统的协调能力,克服人体机能的惰性,使人体能够有准备地从相对静止状态转入紧张的活动状态,从而缩短人体对运动的适应过程,使正式运动一开始就能发挥最大的工作效率。其次,做准备活动时,身体发热,呼吸和血液循环加快,减少肌肉和韧带的黏滞性,增加了弹性和伸展性,使关节活动幅度加大,故能减少或避免损伤的发生。

三、身体素质差或技术上的错误

力量、速度、耐力与灵敏等素质差,表现为肌肉力量和弹性差,反应迟钝,关节灵活性和稳定性不够,这些都可成为损伤的原因。

学生对专项技术动作掌握得不熟练,未形成复杂的、巩固的条件反射,技术动作存在着缺点和错误。错误的技术动作,违反了身体结构与机能的特点以及运动时的力学原理,所以容易受伤。这是刚参加系统训练或学习新动作时发生损伤的主要原因。

随着武术套路运动的广泛开展,技术动作的难度有所突破。学生在完成高难度动作时应学会自我保护。如在训练中当重心不稳快摔倒时,应立刻低头、屈肘、团身,以肩背着地顺势滚翻,切忌直臂撑地,以防手腕部或前臂骨折、脱臼等。同时,加强易伤部位和相对较薄弱部位的训练,提高它们的机能,也是预防运动损伤的一种积极手段。

四、运动量过大

运动量安排不合理,特别是局部负荷量过大,容易发生运动损伤。这种情况常见于专项训练时,由于操之过急,采用“单打一”的片面训练方法(如有的学生为了提高下肢力量,在一次训练课或一周的训练内容中,专门练下肢跳、蛙跳、跨步跳和负重跳等),使局部负担过重,超过其承受能力而引起微细损伤,反复积累则成劳损。

教师应认真制订训练计划。训练计划的制订应符合科学原则,充分了解每次训练内容中哪些技术动作不易掌握、哪些技术动作容易发生损伤,做到心中有数,事先采取预防措施。要合理安排训练,尤其要注意运动器官的局部负担量和伤后训练问题,避免“单打一”的训练方法,防止局部负担过重。这样才能防止此类原因

造成的运动损伤的发生。

五、身体机能和心理状态不良及训练组织方法上有缺点

睡眠或休息不好、患病受伤或伤病初愈以及疲劳时，身体机能都相对下降。实践证明，伤病或过度疲劳的运动员，其力量、动作的准确度和协调机能都明显下降，警觉性和注意力减退，机体反应迟钝，甚至运动水平较高的学生，在疲劳时进行训练，平时熟练的动作也可能发生错误而引起严重损伤。

学生的心理状态与运动损伤的发生也有密切关系。如学生心情不舒畅、情绪不高、对训练或比赛缺乏自觉性和积极性，思想就不集中，也兴奋不起来，在这种情况下运动，必然容易受伤。有的教师不重视医生意见，让学生带着伤病或在过度疲劳的情况下参加紧张的训练或比赛，或在训练中，不遵守循序渐进和个别对待原则，没有充分认识到不同年龄、性别的人，其解剖、生理特点的不同（即使年龄、性别相同，其身体发育、健康状况、身体素质、运动技术水平和各器官系统的机能能力、心理状态等也有差异。因此，在训练的内容、方式、方法及运动员的安排上，不能千篇一律，而应从实际出发，个别对待），因而导致学生受伤，甚至严重受伤。

比赛或训练中应当加强医务监督，防止由于上述原因导致的损伤。在选拔优秀学生运动员时，应进行详细的体检，对不能从事大运动量训练或有妨碍专项训练的伤病患者，不能吸收入队。对学生应定期进行体检；在大型比赛前应进行补充检查，禁止带病或体检不合格者参加比赛。伤病初愈恢复训练时，应尊重医生意见。

学员中应建立和健全自我监督制度，应随时注意自己运动后的身体反应，特别应注意运动器官的局部反应。有不良反应者，不宜加大运动量训练或学习难度较高的动作。

六、场地、设备、服装上有缺陷

场地不平、器械年久失修或安装不牢都可引起损伤。此外，运动时服装不合适，鞋子过大或过小，也易引起损伤。

应建立健全场地器械的定期卫生安全检查制度，已损坏的场地器械应及时维修，维修前一律禁止使用。禁止穿不合适的服装、鞋进行运动，以防运动损伤的发生。

七、气候条件不良

高温潮湿容易产生疲劳和中暑；大量出汗，影响体内水盐代谢，容易发生抽筋和虚脱；低温潮湿，容易引起冻伤，也可因肌肉僵硬，弹性、耐力降低，动作协调性差而发生肌肉韧带损伤。

第九章 武术套路运动竞赛组织与裁判工作

本章介绍了武术套路运动竞赛的组织与编排记录等工作，同时就执行裁判的组成、裁判员临场示意图、竞赛通则、评分标准、评分方法、完成套路的时间等武术套路竞赛规则进行了简介，并就基层武术套路竞赛的开展注意事项作了阐述。

第一节 武术套路竞赛的组织与编排

一、学校武术套路竞赛组织与编排的目的

学校武术竞赛，具有较强的针对性和明确的目的。一般来说，组织武术比赛是为了推动武术运动的普及，促进武术教学质量的提高，丰富和活跃学校生活。其比赛的内容，基本上应是课堂内教学的内容。由于学生年龄跨度较大，所学的内容存在差异，因而在确定竞赛的目的时应考虑这些因素。

具体地说，学校组织武术比赛应以基本功和基本动作为比赛内容，掀起学练基本功和基本动作的热潮，促使学生提高基本功和基本动作的水平；以所学规定套路为比赛内容，选拔武术运动骨干，组建武术运动队或检查武术套路的学习和掌握情况，以供教学质量分析做参考；以促进学生掌握武术基本知识为目的，开展群众性创编武术套路的活动，组织创编套路的比赛，检查创编套路的成果。

二、武术套路竞赛的组织

(一)成立武术套路竞赛组织机构

全国性的竞赛一般由国家体育总局委托有关省、市体育局负责组织，由承办单位负责组成竞赛委员会，领导竞赛工作。其机构范围，可根据竞赛规模的大小而有所不同。中小学基层武术套路比赛，由学校主办单位或部门组成竞赛委员会。竞赛委员会一般设竞赛组、裁判组、总务组 3 个部门。

1. 竞赛组

制订比赛及各项活动的日程安排，召开裁判员及领队会议，审查报名成员资格，编排竞赛秩序册，组织武术套路比赛。

2. 裁判组

组织武术套路裁判员学习裁判规则、竞赛规程，统一评分标准，做好裁判工作。

3. 总务组

负责场地、设备、器材的布置与管理，安排裁判员、运动员的生活，以及大会的经费预算等。

（二）制定武术套路竞赛规程

武术套路规程是对武术套路竞赛组织者和参加者的指导性文件，在赛前由主管单位根据竞赛的目的和任务而制定，并提前下发到各有关单位。它应包括以下几方面的内容：

①武术套路竞赛名称；

②比赛的目的与任务；

③比赛的日期和地点；

④比赛项目；

⑤比赛办法；

⑥比赛报名办法；

⑦比赛奖励办法；

⑧其他注意事项。

（三）组织裁判队伍

武术套路比赛应聘请1~2名有经验、思想作风好、熟悉规则、了解武术技术、身体健康的人担任总裁判长。根据需要，裁判员人数应留有轮替上场执裁的余地。

三、武术套路竞赛的编排与记录

（一）武术套路竞赛的编排

武术套路竞赛编排前应做好充分的准备工作。首先根据规程检查报名单，在报名规定期限内如发现与规程要求不符的情况，可与参赛队取得联系，并给予修正；其他情况，一律以原始报名表为准。其次，统计参赛人数，确定竞赛分组名单。

1. 编排方法

（1）计算所有比赛项目所需的竞赛时间，根据各比赛项目的参赛总人数和该项目单项竞赛所需的时间，其乘积的总和，即为所有比赛项目所需的竞赛时间。

（2）将所有项目所需的竞赛时间，相对地平均分配到规程所规定的竞赛天数中去，得到每天应完成的项目竞赛时间。

(3)根据每场实际工作时间及场地设置情况,计算每天的竞赛场次。武术比赛一般每场实际工作时间为2.5～3小时,特殊情况可适当调整。

(4)绘制竞赛日程表,编制比赛秩序册。场次确定后,把各类项目的竞赛分组名单,再均分到各场次中去,绘制出完整的竞赛日程表。这项工作是编排工作的中心环节,应考虑到编排的注意事项,调节好场次、项目与运动员、裁判员上、下场的矛盾,保证运动员比赛机会的均等性,并兼顾到场外观众等因素。

2. 编排中应注意的事项

(1)在一场的比赛中,一个运动员最好只安排一个项目,特殊情况下,应当间隔编排,以防止运动员过度疲劳和造成忙乱现象。

(2)同一单位的运动员应尽量分散到各组中去。

(3)每个项目分组应采用随机方法决定各小组内运动员比赛顺序。

(4)根据比赛在同等条件下进行的原则,应使同一项目的比赛尽可能在同一时间、场地、同一裁判组内完成。

(二)记录工作

1. 大会记录工作

记录员应在比赛前准备好各类比赛用表,如评分表、记录表等,并交裁判组,比赛中应随时收回并及时登记成绩,计算并确定运动员的各单项名次、全能名次、团体总成绩和名次,并予以公布。比赛结束应编制成绩册。

2. 临场记录工作

临场记录员应在评分记录表上填写各裁判员的评分与裁判长加减分,并计算填写运动员的最后得分;若使用计算机统计分时,此项工作则由计算机操作员完成。

第二节　武术套路竞赛规则简介

一、执行裁判的组成

设总裁判长1人、副总裁判长1～2人;各裁判组设裁判长1人、裁判员6～10人、编排记录长1人、编排记录员2～4人、检录长1人、检录员2～5人、宣告员1～2人(基层可根据情况稍作调整)。

二、裁判员临场示意图

(1)长拳、南拳、太极拳、剑、刀、枪、棍术,对练项目比赛裁判员座位顺序如图9－1所示。(注:1、3、5、7、9为动作规格的评分裁判员座位,2、4、6、8、10为演练水

平的评分裁判员座位；裁判员间至少间隔1米。由6位裁判员评分时，可去掉3、4、7、8位）

（2）其他拳术、器械和集体项目比赛裁判员座位顺序如图9－2所示。（注：1、2、3、4、5为评分裁判员座位）

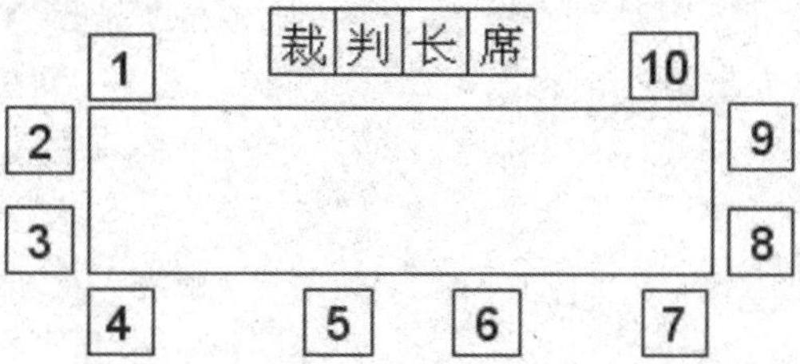

图9－1

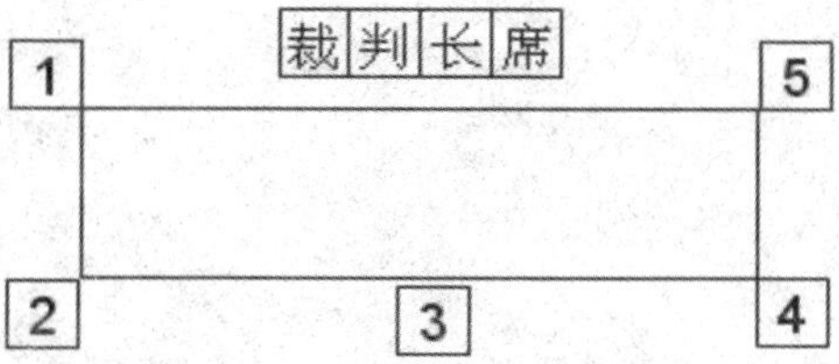

图9－2

三、竞赛通则

（一）竞赛性质

①个人竞赛；

②团体竞赛；

③个人及团体竞赛。

（二）竞赛项目

①拳术。有长拳、南拳、太极拳。

②器械。有剑、刀、枪、棍术。

③其他拳术。除规则规定的自选拳术内容以外的拳术，如：第一类：形意、八卦、八极；第二类：通臂、劈挂、翻子；第三类：地躺、象形等；第四类：查、花、炮、红、华拳、少林拳等。

④其他器械。除规则规定的自选器械项目内容以外的器械项目，如：第一类：单器械；第二类：双器械；第三类：软器械。

⑤对练项目。有徒手对练、器械对练、徒手与器械对练。

⑥集体项目。

(三)服装、进场、退场、起势、收势,套路计时,配乐与礼节

①比赛时,须穿规定的比赛服装、武术鞋或运动鞋。

②上场比赛不允许佩戴耳环、项链、手表、手镯等饰品。

③运动员听到点名后,应立即进场;待裁判长示意后,即可走向起势位置。运动员身体任何部位开始动作即为起势(计时开始);集体项目在进行间开始动作,须事先向裁判长申明。

④运动员完成动作后,须并步收势(计时结束)再转向裁判长行注目礼后退场,不允许边转向裁判长边收势。对练以倒地或抛器械结束整套动作者须先站立做并步收势,再去拾器械。

⑤运动员应在同侧场内完成相同方向的起、收势。

⑥计时以裁判组的计时表为准;用两块表时,以接近规定时间的表为准。

⑦除集体项目外,任何项目在比赛时均不得配乐。

⑧运动员听到上场比赛的点名或赛后示分时应向裁判长行抱拳礼。

四、评分标准

(一)各项目的评分和扣分标准有所不同,但比赛的最高分均为10分

1. 长拳、南拳、太极拳、剑、刀、枪、棍术及对练项目的评分标准

此类项目由评判动作规格的裁判员3~5名和评判演练水平的裁判员3~5名组成,其评分标准为:

(1)评判动作规格水平评分标准

①动作规格的分值为6.8分;

②演练水平的分值为3.0分;

③创新难度的分值为0.2分。

(2)评判演练水平评分标准

①方法准确、攻防合理的分值为4分;

②动作熟练、配合严密的分值为3分;

③内容充实、结构紧凑的分值为2分;

④意识逼真、风格突出的分值为1分。

2. 其他拳术、器械及集体项目的评分标准

此类项目的评分由5位裁判员组成,其评分标准为:

(1)其他拳术、其他器械的评分标准

①姿势正确、方法清楚的分值为4分;

②劲力顺达、动作协调的分值为3分；

③风格独特、内容充实的分值为2分；

④精神贯注、节奏分明的分值为1分。

(2)集体项目的评分标准

①质量的评分：动静分明、精神贯注、技术熟练的分值为4分；

②内容的评分：内容充实、武术的风格、特点突出的分值为3分；

③配合的评分：队形整齐、动作协调一致的分值为2分；

④结构布局的评分：结构恰当、布局匀称的分值为1分。

(二)其他错误扣分

运动员在演练中除按评分标准进行扣分外，对规则规定不允许出现的其他错误也应由裁判员和裁判长分别给予扣分。

1. 由裁判员执行扣分的

运动员在演练时出现遗忘、出界、不稳、附加支撑、倒地、助跑超出、不足步数，刀彩、剑穗、服饰掉地，服装开纽或刀彩、剑穗和软器械缠身而影响动作，器械碰身、脱把、掉地、变形、折断，以及对练中击打落空、误伤对方、失真等错误。

2. 由裁判长执行扣分的

运动员在演练时出现的起势或收势方向不符、重做，动作组别不够、动作次数超出规定，时间不足或超出规定，比赛中随便发声、出界，指定动作中出现附加、漏做、平衡时间不足、位置图表填报错误、改变动作等错误。

凡运动员没有完成套路而中途退场者不予以评分；凡器械、服装不符合规定不予以参加比赛。如在比赛中发现运动员的器械、服装违反规定由裁判长取消比赛资格。

五、评分方法

(一)裁判员的评分

裁判员根据运动员现场发挥的技术水平，按竞赛项目的评分标准，从总分中减去各类分值中与技术要求不符的扣分和其他错误的扣分，即为运动员得分。裁判员所示分数可到小数点后两位数；小数点后第二位必须是5或0。

(二)应得分的确定

根据评分裁判员的人数，如5个裁判员评分时，将裁判员评出的最高分与最低分去掉后取有效分数的平均值，即为运动员的应得分。长拳、南拳、太极拳、剑、刀、枪、棍术及对练项目评定的动作完成应得分与演练水平应得分之和即为运动员的应得分数。运动员的应得分只取到小数点后两位数，小数点后第三位数不做四舍五入。

（三）最后得分的确定

从运动员的应得分数中扣除裁判长所扣的分数后，即为运动员的最后得分。当评分中出现明显不合理现象时，裁判长报告总裁判长，经总裁判长裁定，或总裁判长与裁判长协商后，才可改变分数；被改变的分数，裁判长和裁判员必须服从。

六、完成套路的时间

①长拳、南拳、剑、刀、枪、棍术的自选套路，成年组不得少于1分20秒，少年组不得少于1分10秒，儿童组不得少于1分钟。

②太极拳自选套路3～4分钟（到3分钟时，裁判长鸣哨示意）；太极拳竞赛套路5～6分钟（到5分钟时，裁判长鸣哨示意）。

③其他项目，单练不得少于1分钟，对练不得少于50秒。

④太极剑、集体项目3～4分钟（到3分钟时，裁判长鸣哨示意）。

七、场地、器械的规定

1. 场地

比赛在长14米、宽8米的地毯上进行。场地四周内沿应标明5厘米宽的边线，在场地的两长边中间各做一条长30厘米、宽5厘米的中线标记；场地周围至少应有2米宽的安全区。

2. 器械

武术器械的长度、重量、材料都有规定，如：棍最短必须不低于本人身高；枪和棍应由白蜡杆制成，粗细按不同年龄组均有规定；剑的长度以直臂垂肘反手持剑的姿势为准，刀的长度以直臂垂肘抱刀的姿势为准，剑、刀尖不得低于本人耳上端，剑、刀应由钢材料制成。凡不符合规定者不准参加比赛。如在比赛中发现运动员所用的器械违反规则，裁判长有权取消该运动员比赛成绩。

第三节　基层武术套路竞赛

一、基层小型武术套路竞赛的组织

基层举办小型的武术竞赛活动，首先应拟定组织方案，包括竞赛性质、名称、内容、规模、组织机构、工作步骤和竞赛规程。竞赛名称可根据举办的目的和规模来确定，如某县武术全能赛、某工厂武术单项赛、某学校武术教学比赛等。竞赛内容则依据参加比赛的各单位实际情况来决定一项或多项比赛，可分组也可不分组举行。竞赛组织机构要全面考虑，以便充分发挥各方面的积极作用。

二、作好比赛的宣传工作

中小学开展武术套路竞赛活动，是为了落实全民健身，推广和普及武术运动，提高学生健康水平，检查教学和训练的质量。因此在竞赛前要做好宣传工作。如学校的比赛在期终举行，开学时就要发规程，并用各种形式进行宣传。例如，在上体育课时就可经常提示和鼓励学生参加比赛。

社区、企事业单位举行武术套路比赛活动的目的，是为了丰富社区娱乐生活、促进单位成员之间的交流，促进社区及单位内部的和谐，同时也促进了全民健身运动的开展。如市级比赛拟定在冬季举行时，最好秋季就发规程，随后就应不断地在不同的场合进行适当宣传。

三、比赛的编排工作

比赛的编排工作，首先要依据规程及时发放报名表，检查报名表。如在学校范围举行，只要求参加单位把运动员姓名、性别、级别和参加项目写清楚，不一定再填报名表。赛前必须准备相应的表格，如单项竞赛成绩记录表，并将各小组各单项填写清楚；如有对练，则须准备对练成绩记录表；如计算全能和团体成绩，则须准备相应的竞赛成绩记录总表。此外，还须准备各项录取名次成绩表。

关于编排竞赛日程，可根据实际情况进行。如条件许可，应尽可能编印秩序册。如学校举办，也可用张贴的形式把竞赛日程公布出来。必须注意，尽管由于规模较小，一切从简，但从思想上一定要认真对待，努力把工作做细，以保证竞赛的顺利进行。

四、比赛记录工作

尽可能设专职人员，负责检查、登记、公布、统计成绩，及时公布各项名次。考虑到基层举办的特殊条件，为了精减人员，可由裁判员中推选专人把这项工作做好。同时，还要有专人负责检查。

五、比赛裁判工作

在基层举行武术竞赛，多数裁判员是新手，可聘请一位比较有经验的人担任总裁判长。这样，既可协助做好筹备工作，也可为基层培养骨干。裁判员必须由懂些武术知识、接受能力较强的人担任。人数不宜太多，每组可设 7 个执行裁判员（最少应有 3 人）。裁判长也可以兼执行裁判员。要尽可能设 3 个裁判组，以便在比赛中的两个场地内进行工作。这样，各裁判组也有了小结、研究和休息的时间。

关于裁判学习方面，首先要提高对裁判工作的认识，统一思想，要求做到公正、公平、准确。要认真贯彻"友谊第一,比赛第二"的方针,促进内部的和谐。学习规则时,要求掌握规则精神。对各竞赛项目的评分标准、明显错误的搞分、评分顺序、完成套路的时间、场地和器械的规定要清楚。

六、组织好观众的观赏和搞好服务工作

(一)事前要做好观众的组织工作

要利用适当机会向群众宣传竞赛的目的、任务以及对待比赛的态度等,以利于观众、运动员、裁判员共同维持比赛秩序,搞好比赛。

(二)加强临场的组织工作

要引导观众有秩序地入场就座。在赛前或休息时,可有针对性地作一些宣传,要强调会场纪律。

(三)组织好服务工作

为裁判员、运动员和观众做好服务和保卫工作。

七、比赛总结工作

根据武术比赛的竞赛日程,按顺序进行比赛,每场或每天比赛后,各裁判组进行小结,检查比赛过程中出现的问题,以改进裁判工作。比赛结束后,裁判组和其他部门进行工作总结,肯定成绩,找出比赛过程中存在的不足,为今后的武术比赛的开展打下良好的基础。

附　录

专业词汇中英文对照表

长拳(Chang Handform)
太极拳(Taiji Handform)
南拳(Southern Handform)
咏春拳(Yongchun Handform)
形意拳(Xingyi Handform)
八卦掌(Bagua Handform)
通臂拳(Tongbei Handform)
翻子拳(Fanzi Handform)
戳脚拳(Chuojiao Handform)
醉拳(Drunken Handform)
少林拳(Shaolin Handform)
形象拳(Imitation Handform)
刀术(Broad Sword)
剑术(Straight Sword Play)
棍术(Staff Play)
枪术(Spear Play)
传统器械(Tradition Weapon)
太极剑(Taiji Straight Sword)
猴棍(Monkey Staff)
醉剑(Drunken Straight Sword)
大刀(Kwandao)
九节鞭(Nine - joint Whip)

双节棍(Two – section Staff)
三节棍(Three – section Staff)
绳镖(Rope – dart)
压肩(Press Shoulder)
吊肩(Lifting Shoulder)
绕肩(Circle Arm)
前俯腰(Bend Forward)
甩腰(Bend Forward and Backward)
涮腰(Circle Trunk)
下腰 (Bend Backward into a Bridge)
压腿(Press Legs)
搬腿(Move up Leg with Hands)
劈腿(Split Legs)
踢腿(Kick Legs)
太极桩(Tai Chi Pile)
弓步站桩(Bow Step Pile)
虚步站桩(Empty Step Pile)
手型(Hand Forms)
拳(Fist)
掌(Palm)
勾(Hook Hand)
手法(Stroks)
冲拳(Thrust Fist)
架拳(Uphold Fist)
推掌(Push Palm)
亮掌(Flash Palm)
步型(Step Forms)
弓步(Bow Step)
马步(Horse – ride Step)
仆步(Crouch Step)

虚步(Empty Step)
歇步(Seated Step)
丁步("T" Step)
步法(Footwork)
上步(On the step - by - step)
退步(Back)
盖步(Cover Step)
插步(Play Step)
弧形步 (Curved Step)
腾空飞脚(Flying Kicks)
大跃步前穿(Giant Leap)
提膝平衡(Balance with One Knee Raised)
燕式平衡(Front Horizontal Scale)
预备式　(Ready Position)
虚步亮掌 (Empty Stance and Block Palm)
并步对拳 (Feet Together)
弓步冲拳 (Bow Stance and Thrust Punch)
弹腿冲拳 (Snap Kick and Thrust Punch)
马步冲拳 (Horse Stance and Thrust Punch)
弓步冲拳 (Bow Stance and Thrust Punch)
弹腿冲拳 (Snap Kick and Thrust Punch)
大跃步前穿 (Giant Leap)
弓步击掌 (Bow Stance and Push Palm)
马步架掌 (Horse Stance and Block Palm)
虚步栽拳 (Empty Stance and Plant Punch)
提膝穿掌 (Knee Lifted and Piercing Palm)
仆步穿掌 (Crouch Stance and Piercing Palm)
虚步挑掌 (Empty Stance and Tilt Palm)
马步击掌 (Horse Stance and Push Palm)
叉步双摆掌 (Back Crossed Step and Swing Palms)

弓步击掌（Bow Stance and Push Palm）
转身踢腿马步盘肘（Turn Body, Front Kick,Horse Step and Bend Elbow）
歇步抡砸拳（Swing and Chop Fist in Seated Step）
仆步亮掌（Crouch Stance and Block Palm）
弓步劈拳（Horse Stance and Thrust Punch）
换跳步弓步冲拳（Change Steps, Bow Stance and Thrust Punch）
马步冲拳（Horse Stance and Thrust Punch）
弓步下冲拳（Bow Stance, Block Palm and Thrust Punch）
叉步亮掌侧踹腿（Back Crossed Step and Side Sole Kick）
虚步挑拳（Empty Stance and Tile Punch）
弓步顶肘（Bow Stance and Elbowing）
转身左拍脚（Turn Body and Left Slap Kick ）
右拍脚（Right Hand Slaps Foot）
腾空飞脚（Jump Front Kick）
歇步下冲拳(Cross - Legged Stance and Thrust Punch)
仆步抡劈拳（Crouch Stance, Windmill and Chop Punch）
提膝挑掌（Knee Lifted and Straight Arm Raise Palm）
提膝劈掌弓步冲拳(Knee Lifted, Chop Palm, Bow Stance and Thrust Punch)
结束动作(Closing Movement)
虚步亮掌（Empty Stance and Block Palm）
并步对拳（Feet Together）
还原(Finished Position)
起势（Commencing Form）
左右野马分鬃(Part Wild Horse's Mane on Both Sides)
白鹤亮翅（White Crane Flashes Its Wings）
左右搂膝拗步（Brush Knee on Both ）
手挥琵琶（Strum the Lute）
左右倒卷肱（Curve Back Arms on Both Sides）
左揽雀尾（Grasp the Bird's Tail - Left Style）
右揽雀尾（Grasp the Bird's Tail - Right Style）

云手（Wave Hands Like Clouds—Left style）
单鞭（Single Whip）
高探马(High Pat on Horse)
右蹬脚（Kick with Right Heel）
双峰贯耳（Strike Opponent's Ears with Both Fists）
转身左蹬脚（Turn and Kick with the Left Heel）
左下势独立（Push Down and Stand on One Leg Left Style ）
右下势独立（Push Down and Stand on One Leg Right Style ）
左右穿梭（Work at Shuttles on Both Sides）
海底针（Needle at Sea Bottom）
闪通臂（Flash Arm）
转身搬拦捶（Turn to Deflect Downwards Parry and Punch）
如封似闭（Apparent Close - up）
十字手（Cross Hands）
收势（Closing Form）
弓步缠头(Bow Stance and Wrap)
虚步藏刀(Empty Stance and Hide)
弓步前刺(Bow Stance and Forward Thrust)
并步上挑(Feet Together and Straight Arm Raises)
左抡劈(Left Windmill and Chop)
右抡劈（Right Windmill and Chop)
弓步撩刀(Bow Stance and Upper Cut)
弓步藏刀(Bow Stance and Hide)
提膝缠头(Knee Lifted and Wrap)
弓步平斩(Bow Stance and Horizontal Cut)
仆步带刀(Crouch Stance and Withdraw)
歇步下砍(Cross - Legged Stance and Low Hack)
左劈刀(Left Chop)
右劈刀(Right Chop)
歇步按刀(Cross - Legged Stance and Press)

马步平劈(Horse Stance and Horizontal Chop)
弓步撩刀(Bow Stance and Upper Cut)
插步反撩(Back Cross Step and Reverse Upper Cut)
转身挂劈(Turn Body, Upper Parry and Chop)
仆步下砍(Crouch Stance and Low Hack)
架刀前刺(Block and Forward Thrust)
左斜劈(Left Slanted Chop)
右斜劈(Right Slanted Chop)
虚步藏刀(Empty Stance and Hide)
旋转扫刀(Turn and Sweep)
翻身劈刀(Turn Body and Chop)
缠头箭踢(Wrap and Jump Heel Kick)
仆步按刀(Crouch Stance and Press)
缠头蹬腿(Wrap and Heel Kick)
虚步藏刀(Empty Stance and Hide)
弓步缠头(Bow Stance and Wrap)
并步抱刀(Feet Together and Hold)
弓步劈棍 (Bow Stance Downward Strike)
弓步撩棍 (Bow Stance Upper Cut)
虚步上拔棍 (Empty Stance Upper Brushing)
虚步把拨棍(Empty Stance Brushing with Cudgel End)
插步抡劈棍 (Cross Step Windmill)
翻身抡劈棍 (Turning Body Windmill)
马步平抡棍 (Horse Stance Horizontal Sweep)
跳步半抡劈棍 (Jump Half Sweep and Downward Strike)
单手抡劈棍 (Single - hand Swing and Downward Strike)
提膝抡劈棍 (Raise Knee and Strike Downward With Cudgel End)
弓步抡劈棍 (Bow Stance Windmill and Downward Strike)
弓步背棍 (Bow Stance Shouldering Cudgel)
挑把棍 (Cudgel End Upper Cut)

转身弓步戳棍（Turn and Bow Stance Thrust with Cudgel End）
踢腿撩棍（Kick and Upward Parry）
弓步拉棍（Bow Stance Withdraw）
提膝拦棍（Raise Knee Block）
插步抡把劈棍（Cross - step Windmill Cudgel End and Strike Downward）
马步抡劈棍（Horse Stance Windmill and Downward Strike ）
翻身马步抡劈棍（Turning Body and Horse Stance Windmill）
上步右撩棍（Forward Step and Right Upward Parry）
上步左撩棍（Forward Step and Left Upward Parry）
转身仆步摔棍（Turning Body and Crouch Stance Slapping Smash）
弓步崩棍(Bow Stance Tilt)
马步把劈棍(Horse Stance and Cudgel End Downward Strike)
坐盘半抡劈棍（Cross - legged Stance Half Windmill and Downward Strike）
左平舞花棍（Left Horizontal Swing）
右平舞花棍(Right Horizontal Swing)
插步下点棍（Back Cross - Step Downward Point）
弓步下点棍（Bow Stance Downward Point）
插步下戳棍（Back Cross - Step End Downward Thrust）
提膝拦棍（Raise Knee Block）
还原势（Finishing Movement）

参考文献

[1]纪秋云.武术[M].北京体育大学出版社,2004.

[2]唐波.武术[M].北京师范大学出版社,2008.

[3]吴志勇.健身武术[M].湖北科学技术出版社,2007.

[4]丘丕相.中国武术教程[M].人民体育出版社,2004.

[5]李景丽.传统武术教程[M].中国地质大学出版社,2007.

[6]杨国才.普通高校武术教程[M].哈尔滨地图出版社,2005.

[7]蔡仲林,周之华.武术[M].高等教育出版社,2005.

[8]李德祥.中华武术[M].上海交通大学出版社,2006.

[9]张高顺.武术[M].高等教育出版社,1988.

[10]杨丽.武术[M].文化艺术出版社,1998.

[11]侯介华.武术套路教学与训练[M].北京体育大学出版社,2002.

[12]武术教材编写组.武术[M].高等教育出版社,1996.

[13]刘玉平.武术基本功与基本动作[M].人民体育出版社,2000.

[14]温力.中国武术套路产生的传统文化背景[J].体育科学,1992(3):5-8.

[15]郭志禹.竞技武术国际化综论[J].上海体育学院学报,2002,26(4):27-30.

[16]刘海超,陈永亮.当代武术运动发展趋势[J].平顶山学院学报,2005,20(5):102-104.

[17]李泽厚,刘钢纪.中国美学史[M].中国社会科学出版社,1987.